나는 질 때마다
이기는 법을 배웠다

나는 질 때마다
이기는 법을 배웠다

퇴진 요정 김민식 피디의
웃음 터지는 싸움 노하우

김민식 지음

푸른숲

딴따라는 어쩌다 투사가 됐을까?

국립암센터에 입원한 이용마 기자를 봤을 때, 몇 년 전 세상을 떠난 후배가 떠올랐다. 이용마처럼 책임감이 투철한 친구였다. 대학 신입생 시절, 교정을 지나가다가 나의 권유로 동아리에 들어온 후배였다. 군 복무 후 취업 준비하느라 동아리 활동에서 빠진 동기들을 대신해 혼자 후배들 스터디를 챙긴 친구였다. 훗날 대기업을 다니며 그룹 메일 시스템 개발을 맡았다는 이야기를 듣고 '가뜩이나 책임감 강한 녀석이 중책을 맡았으니 얼마나 열심히 할까' 싶었다. 30대 중반이 넘도록 결혼도 미루고 일만 했다. 바빠서 건강검진 챙길 여유도 없다던 후배가 어느 날 피로가 너무 오래간다며 병원을 찾았다가 간암 말기 진단을 받았다.

시골에 계신 늙은 아버지에게 아들 병수발을 맡길 순 없다며 후배는 혼자 지냈다. 퇴원한 후 자취방에서 지내던 후배는 상태가 나빠지자 호텔방으로 거처를 옮겼다. 자취방에서는 무슨 일이 생겨도 챙겨줄 사람이 없지만, 호텔에는 적어도 하루 한 번 방을 청소하는 직원이 있다고 했다. 그 이야기를 듣고 같이 지내자고 불렀다. 마침 아내는 미국 유학 중이었다.

"내가 밥도 잘 못 하고, 집 청소도 잘 안 하지만, 나와 지내는 동안 심심하지는 않을 거야."

나는 예능 피디로서 천성이 딴따라라 노는 걸 좋아하고 사람을 웃기는 걸 즐긴다. 집으로 동아리 후배들을 불러 모아 보드게임을 하고 하루하루 재미나게 놀았다.

자고 일어나면 아침마다 후배가 지내던 방에서 신음이 새나왔다. 키가 크고 체격이 좋은 친구였는데 몇 달 사이에 살이 많이 빠졌다. 등에 뼈가 앙상하게 드러난 후배는 자는 동안 바닥에 눌린 부위가 다 쑤시고 결렸다. 아침마다 후배의 등을 주무르며 근육을 풀어주다 본, 뼈만 남은 몸은 너무 애처로웠다. 어느 날 내가 회사에 출근한 사이에 후배는 직접 구급차를 불러 병원에 갔고 다시 돌아오지 못했다.

2017년 봄, 휴대전화에 문자 메시지가 떴다. 암 진단을 받고 시골서 요양하던 이용마가 국립암센터에 입원했다는 내용이었다. 병실에서 만난 이용마는 후배가 세상을 떠나기 몇 달 전 모습과 똑같았다. 얼굴에는 광대뼈가 선명하게 드러났고 복수가 차오른 배에는 호스가 꽂혀 있었다. 복수를 몇 리터씩이나 뽑아냈는데 아직도 계속 나온다는 말에 그 후배가 떠올랐다.

간암 진단을 받고 병원에서 치료를 받던 동아리 후배가 퇴원한 날, 물어봤다.

"지금 이 순간, 가장 하고 싶은 게 뭐야?"

"왜요. 형이 내 소원 들어주게?"

"병원에 있는 동안 먹고 싶거나 하고 싶은 거 없었어?"

그러자 후배는 뜬금없는 농담을 했다.

"박나림 아나운서와 밥 한번 먹고 싶어요."

몇 년 전, 당시 MBC《뉴스데스크》앵커로 일하던 박나림 아나운서를 좋아하던 후배에게 그가 내 입사 동기라고 자랑한 적이 있었다.

"그럼 형한테 부탁하면 만날 수도 있는 거야?"

술김에 "나중에 나림이한테 한번 물어보지, 뭐" 하고 호기롭게 답했다. 그런데 시한부 판정을 받은 후배에게 이번에도 '나중에'라고 답을 할 수는 없었다.

다음 날, 아나운서국 사무실로 찾아갔다. 입사 동기긴 했지만 터놓고 지내는 사이는 아니라 어렵게 말을 꺼냈다.

"나림아, 내 후배가 너와 밥 한번 먹는 게 소원이라는데 혹시 시간 좀 내줄 수 있니? 소개팅 자리는 아니고, 그냥 팬 미팅 같은 자리?"

그 후배가 암 말기 환자라는 말은 차마 하지 못했다. 안다면 거절하기 어려울 수 있으니까. 사정이 있어 못 나와도 마음이 무거울 테고.

"남에게 신세 지는 걸 싫어하는 사람이 별난 부탁을 다 하네?" 하며 의아해하던 박나림 아나운서는 선선하게 그러겠다고 했다. 퇴근 후, 여의도 식당에서 셋이 만났다. 그 시절 후배는 병색이 크게 드러나진 않았다. 키 크고 훤칠한 후배가 박나림 아나운서 앞에서 쩔쩔매는 모습이 재미있어 계속 놀려댔다.

"아니, 이 친구가 너를 한번 보는 게 평생소원이라고 내내 노래를 불렀거든."

셋이서 맛있는 저녁을 먹으며 즐겁게 수다를 떨었다.

그가 세상을 떠나기 며칠 전 찾아간 병원에는 회사 동료들이 병문안 와 있었다. 누워 있던 후배가 웃으며 나를 반기자, 같이 있던 동료가 놀렸다.

"우리 왔을 땐 그냥 누워 있더니 선배가 오니 벌떡 일어나네?"

후배가 그랬다.

"이 형은 그냥 선배가 아니야. 내 소원을 이뤄준 사람이야. 박나림 아나운서 만나는 게 평생소원이었거든."

후배는 나와 함께 지내면서 종종 박나림 아나운서를 만난 이야기를 했다.

"형, 실제로 만나보니 텔레비전에서 보는 것보다 훨씬 더 멋있는 사람이었어요. 오랜 세월 팬으로 지낸 보람이 있었어요."

후배가 세상을 떠나고, 다시 아나운서국 사무실로 찾아갔다. 박나림 아나운서에게 사연을 털어놓았다. 실은 그 후배가 간암 말기 환자였다고, 살아생전 마지막 소원을 들어주고 싶어서 그때 어려운 부탁을 했다고, 그 후배가 며칠 전에 세상을 떠났는데 마지막까지 그날의 만남을 즐거운 추억으로 간직하고 갔다고. 박나림 아나운서의 눈에 눈물이 고였다.

매년 후배 기일이면 동아리 친구들을 모아 추모공원에 찾아간다. 후배는 10년이 넘도록 환하게 웃는 얼굴로 우리를 맞아준다. 나는 한 해 한 해 늙어가는데 그는 30대 후반의 모습 그대로다. 후배의 영정 사진을 보며 그런 생각을 했다.

'박나림 아나운서 한번 보고 싶다고 했을 때, 모른 체했다

면 미안한 마음을 지울 길이 없었겠구나. 세상을 떠난 사람에게 진 빚은 갚을 길이 없으니까.'

병상에 누운 이용마 기자를 찾아갔을 때, 그에게 내내 회사 이야기를 들었다.

"MBC가 너무 어려워졌어. 큰일이야."

"새 정부가 들어서면 회사도 차차 좋아지겠지, 뭐."

"그래서 더 힘들어질걸?"

"무슨 말이야?"

"세상이 좋아졌는데, MBC만 그대로라고 해봐. 그전에는 정부 눈치 보느라 이상한 뉴스를 만들었다고 생각했는데, 세상이 바뀌어도 MBC 뉴스가 바뀌지 않잖아? 저것들은 이제 뼛속까지 적폐가 됐구나, 하고 더 미움받을걸?"

"그럼 이제 어떻게 해야 해?"

"김장겸이 물러나야지. 그것 말고는 답이 없어."

김장겸이라는 이름이 나오자, 몸이 움찔했다. 오랜 세월 나를 너무나 힘들게 한 이름이었다.

"용마야, 김장겸은 누구야? 이득렬이니, 엄기영이니, 예전 사장들은 앵커로 이름을 날리고 얼굴을 익힌 사람이라 누군지 알겠는데, 김장겸은 도대체 누군지 모르겠어. 사람들이 김장겸이 MBC 사원 중에서 제일 미워하는 게 나라는데, 나는 김장겸을 본 적도 없어. 네가 보도국에서 10년 넘게 같이 일하면서 지켜본 김장겸은 어떤 사람이야?"

이용마가 말했다.

"약자에게는 강하고, 강자에게는 약한 사람이지. 뼛속까지 정치적인 사람이야. 이명박 정부 때 정치부장을 하고, 박근혜 정부 들어서 보도국장을 하고, 보도본부장으로 승진했지. 막판에는 사장까지 되고. 10년 전에는 그 사람이 MBC 사장 할거라 아무도 상상도 못 했지. 본인도 그러고 다닌대. 자신이 보도본부장이 되고 사장이 된 건 다 노동조합(이하 노조)이 파업한 덕분이라고. 옛날에 MBC 뉴스가 잘나갈 땐 존재감도 없던 양반인데, 2012년에 괜찮은 선배들이 다 파업에 동참하는 바람에 혼자 남은 거지. 2012년의 파업이 가져온 비극적인 결과지."

보도국에서 파업을 하면 후배들은 마이크와 카메라를 집어던지고 집회로 달려간다. 선배들은 남아서 뉴스 분량을 채운다. 일 때문에 현업에 남긴 했지만 양심은 켕긴다. 파업이 끝나면 후배들 등 툭툭 두들기며 "야, 이제 슬슬 내려갈까 했더니 파업이 끝나버렸네?" 하고 능청을 떠는 사람도 있고,

"월급도 못 받고 고생 많았지? 가자, 밥 사줄게" 하는 양반도 있다.

그런데 2012년 파업에는 그런 능청이 통하지 않았다. 너무 길었던 탓이다. 170일 넘게 싸우는 동안, 어지간한 사람은 다 내려왔다. 파업 한 달이 지나자 내려오고, 사측에서 해고를 남발하자 내려오고, 파업 대체인력을 뽑는 걸 보고 내려온 이도 있었다. 여섯 달 넘게 싸우는 동안 현업기자도, 앵커도, 데스크도 다 내려왔다. 그때 끝까지 파업에 동참하지 않고 남은 사람은 누구였을까? 김재철의 호위무사들이다. 특히 김장겸은 정치부장으로 일하며 시용試用기자를 뽑아 뉴스 분량을 채우고 2012년 총선과 대선 국면에서 MBC 뉴스를 망가뜨려 공을 세웠다. 괜찮은 선배들이 후배들과 함께하겠다고 보직을 던진후, 홀로 남은 김장겸은 박근혜 정부 시절 내내 승승장구했다. 보도국장·보도본부장을 역임한 후 사장까지 올라갔다.

병상에 누운 이용마를 보며 생각했다. 지금 이 순간, 그의 가장 간절한 소원은 MBC의 정상화구나. MBC의 적폐 청산은 김장겸이 물러나야 시작되는구나. 그런데 어떻게 해야 하지? 문득 이용마의 오랜 별명이 떠올랐다.

"어이, 불세출의 전략가. 만약 김장겸과 싸운다면 어떻게 해야 이길 수 있을까?"

"김장겸한테는 약한 모습을 보이면 안 돼. 상대가 만만해 보이면 밟으려 들 거고, 세게 나가면 오히려 꼬리를 말고 달아날 거야."

아픈 친구를 남겨두고 병원 문을 나선 뒤 혼자 한참을 걸었다. 어떻게 해야 할까? 몇 년 전, 내가 가격비교 사이트에서 새로 나온 산악자전거 모델을 보며 살까 말까 고민하고 있을 때 후배가 그랬다.

"형, 그냥 사요. 하고 싶은 일이 있잖아? 그냥 지금 해요. 인생에 나중은 없어요."

'인생에 나중은 없다.' 후배의 말이 귓가에 맴돌았다. 다음 날, 회사에 출근해 목청껏 외쳤다.

"김장겸은 물러나라!"

부장이 찾아왔다.

"김 차장, 조금만 기다려보면 어떨까?"

"예?"

"내년 8월에 방문진 이사회 선임이 있거든? 그때에는 방문진 이사가 바뀔 테고, 새로운 정부하에 선임되는 이사는 사장을 바꿀 거야. 어차피 지금 상황에서는 김장겸도 방송을 막 하지는 못할 거야. 들여다보는 눈이 많으니까. 시간이 지나면 김 장겸은 물러나게 되어 있어. 그러니 김 차장, 괜히 고생하지 말고 1년만 기다려봐."

병상에 누운 이용마의 모습이 떠올랐다. 그에게 내년 8월까지 기다리자고 말할 수 없다. 그 사이에 그가 세상을 떠난다면, 해직 기자 이용마의 한은 어떻게 풀어주지? 그때 결심했다. 이용마가 살아생전 MBC에 복직하는 날이 올 때까지, 내가 할 수 있는 최선을 다하겠노라고.

그렇게 딴따라는 투사가 됐다.

차례

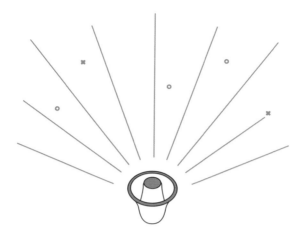

2부. 비겁하게 건사하느니 멋지게 진다

3부. 우아하게 반격하는 법

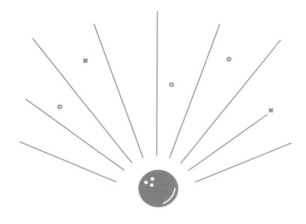

4부. 적들에게 괴로움을, 우리 편에게 즐거움을

1부

회사를
사랑한
딴따라

고분고분 참거나 순응하지 않은 덕에
즐거운 인생이 시작됐다.
이제는 살다가 나를 괴롭히는
인간을 만나면 생각한다.
'그래서 이 양반은 내게
또 어떤 행운을 안겨줄까?'

우주에서 제일 좋은 회사

나는 내가 방송사 피디가 되리라고는 꿈에도 생각하지 못했다. 이과 출신에 공대를 나왔고, 영업사원으로 일하다가 한국외국어대학교 통역대학원에 입학했다. 2학년에 올라가 신입생 환영회를 갔다가 마음에 드는 후배를 만났다. 몇 번 데이트 신청도 했는데 매번 거절당했다. 거절당한다고 상처받지는 않는다. 어디 한두 번 겪은 일인가. 후배 근처를 맴돌며 기회를 엿보았다. 상대의 취향을 알고 싶을 때, 나는 그 사람의 동아리 활동에 대해 물어본다. 출신 지역이나 대학은 본인의 결정이라기보다는 대개 부모나 선생의 영향을 많이 받는다. 하지만 성인이 되어 직접 선택하는 동아리는 그 사람의 관심사를 보여준다. 그 후배에게 물어봤다. 대학 시절 어떤 동아리 활동을 했는지. 그랬더니 대학 시절 교내 방송반 활동을 했다고 하더라. 잽싸게 한마디 던졌다.

"야, 그럼 너도 방송사에 지원하지 그랬어? 아나운서나 기자를 하면 참 잘 어울릴 텐데 말이야."

후배에게 환심을 사려고 한 말인데 상대가 진지하게 말을 받았다.

"선배는 방송사 입사 시험이 얼마나 어려운지 몰라요?"

"그게 어려워?"

"저와 같이 방송반 하던 선배들이 몇 년을 준비했는데, 방송사 취업한 사람은 아무도 없어요."

"아, 그래?"

그때 문득 떠오른 생각이 있었다.

'그 어렵다는 방송사 시험에 내가 붙으면, 후배가 나를 다시 보게 될까?'

영어를 국내에서 독학했다. 그래서 통역사로 일할 때 미국식 유머가 나오면 당황하는 경우가 잦았다. 약점을 메우려고 AFKN에서 방송하는 시트콤을 열심히 시청하다가 그만 시트콤의 재미에 중독돼버렸다.

'이렇게 재미난 시트콤이 한국에는 왜 없을까? 내가 직접 만들어볼까?'

그런 생각에 새로운 동기가 더해졌다.

독서가 취미이자 특기인 나는 새로운 일에 도전할 때 겁이 없다. 하고 싶은 일이 생기면 서점에 가서 관련 직종 책부터 읽는다. 피디가 쓴 책도 읽고, 미디어에 대한 책도 봤다. 어쭙잖은 자신이 생겼다. 텔레비전에서 MBC 신입사원 채용 공고가 뜨는 걸 보고 여의도 방송사에 달려가 원서를 냈다. 시험까지 두 주 남은 시점에 본격적으로 시험을 준비했다. 통역대학원 수업이 끝나면 중앙도서관 열람실 구석에 앉아 방송사 입사시험 기출문제집을 풀었다. 도서관 문을 닫는 밤 열한 시까지 매일 두 시간씩 두 주간 공부해서, 기출문제집 한 권을 끝내고 시험을 쳤다.

1996년 MBC 공채 1차는 필기시험으로 국어·상식·영어 세 과목이었는데 독서광에 통역대학원 학생으로 산 덕을 톡톡히 누렸다. 관건은 2차 실무면접이었다. 피디라는 직업을 한 번도 준비한 적이 없는데 면접을 잘 치를 수 있을까? 책에서 배운 교훈 가운데 하나는 면접에서 무조건 정직하라는 이야기였다. 모든 질문에 최대한 솔직하게 답했다.

"올해 본 MBC 프로그램 중에서 가장 인상적인 건 무엇인가요?"라는 물음에, "저는 MBC 안 봅니다. 통역 공부하느라 CNN만 봅니다"라고 답했다. 잠깐 지나가다 본 유명한 프로그램을 대며 아는 척을 할까 하는 유혹이 잠시 일었지만, 그렇게 답을 해봤자 몇 년씩 준비한 다른 지망생들과 경쟁이 되지 않으리라 생각했다. 그래서 솔직하게 답변했다. 면접관이 다시 질문을 던졌다. 머리 식힐 때 재미 삼아 보는 드라마나 예능 프로그램도 없냐고. 살짝 고민한 후, 다시 정직하게 답했다. 나는 책을 좋아하는 사람이라 여유가 생기면 차라리 소설을 읽지, 그 시간에 텔레비전을 보지는 않는다고.

"김민식 씨, 우리가 김민식 씨처럼 관련 전공자도 아니고, 텔레비전도 잘 보지 않는 사람을 왜 피디로 뽑아야 합니까?"

"그래야 제가 짝사랑하는 여자애에게 점수를 딸 수 있으니까요?"라고 답할 수는 없었다. 미친놈을 뽑는 회사는 없으니까.

"대한민국에 시청자가 5,000만인데, 신문방송학과 나와서 텔레비전만 열심히 본 사람들이 만드는 프로그램만 보겠습니까? 저처럼 책을 많이 읽는 사람도 재미있게 볼 프로그램 하나쯤은 필요하지 않을까요?"

2차 면접 합격 통보를 받고 좀 놀랐다. 지나치게 솔직했나 싶어 은근히 맘 졸이던 차였는데, 그래도 뽑아주네? 나중에 피디가 되고 깨달았다. 내가 면접에 합격한 비결이 바로 그 솔직함이었다. 경쟁이 치열한 면접일수록 더 잘난 사람이 되어야 한다는 압박을 심하게 받는다. 그래서 경력이나 실력을 과대포장하기 십상이다. 방송사 피디는 진실에 민감한 사람이다. 다큐멘터리 피디라면 인터뷰하는 사람의 진실성을 파악할 수 있어야 한다. 유명한 학자를 인터뷰하면서 그의 유명세에 눌리지 않고 오히려 그 학자가 사기꾼 같다고 간파한다면, 그 피디는 최고의 탐사 저널리스트가 될 수 있다. 드라마 피디도 마찬가지다. 배우의 연기를 보고 오케이를 외치거나 엔지를 부르는 기준은 하나다. 배우의 표정이 얼마나 진실해 보이는가. 수십 년 동안 사람의 표정을 들여다보며 이 사람이 거짓을 말하는지 참을 말하는지 구별해온 게 피디고, 그중 사람을 잘 파악하는 피디들이 높은 자리에 오르고 면접 심사위원으로 나온다. 대학을 갓 졸업한 지원자가 그런 이들을 과장된 말과 꾸민 표정으로 속일 수 있다고 믿는다면, 그 사람은 심하게 순진한 것이다.

내가 실무면접에서 합격한 이유는 무엇일까? 간절하지 않았기 때문이다. 몇 년 동안 방송사 공채를 준비한 사람은 잘하고 싶은 마음에 결정적인 순간에 유혹에 넘어가버린다. 없는 능력이라도 있는 것처럼 꾸미고 싶어진다. 바로 그런 마음 때문에 면접에서 긴장하고 실수하는 것이다. 나는 어차피 짝사랑하는 여자애에게 잘 보이고 싶은 마음에 지원했고, 방송사에서 안 받아주면 좋아하는 SF 소설을 번역하면서 평생 즐겁게 살 생각이었다.

가장 어려운 시험은 3차 합숙평가였다. 의정부에 있는 MBC 연수원에서 피디 지원자 150명을 모아놓고 1박 2일 동안 평가를 진행했다. 최종 합격한 수가 열다섯 명이었으니 딱 열 배수를 모아 진검승부를 펼치게 한 것이다. 1996년 신입 피디 경쟁률은 300대 1이었다. 요즘은 경쟁률이 1,200대 1이라고 하니, 내가 지금 지원했다면 절대 입사하지 못했을 것이다.

1996년에 MBC 피디에 지원한 4,500명 중에는 나 같은 사람도 많았을 것이다. 방송사에 가면 예쁜 여자를 볼 수 있지 않을까, 피디가 되면 왠지 폼 나지 않을까 하는 생각에 재미 삼아 지원한 사람도 많을 것이다. 하지만 필기와 면접을 통과하고 남은 150명은 만만하지 않았다. 다들 몇 년씩 언론사 시험을 준비해온 사람들이었다. 그런 사람들을 모아놓고 예능 프로그램 기획안을 내라고 했다. 완전 좌절했다. 나는 예능 프로그램 기획안이 뭔지도 몰랐으니까! 각자 기획안을 만들고 8인 1조로 조별 토론을 거쳐 가장 좋은 기획안 하나를 뽑으라고 했다. 어떻게 해야 할까? 다시 솔직해지기로 했다. 나는 기획안을 만들 줄 모른다. 그러니 그냥 남들이 하는 기획안 발표나 열심히 듣자.

여덟 명이 돌아가며 발표하는데 다들 자신의 기획안을 준비하느라 다른 사람 발표는 잘 듣지 않았다. 내 기획안은 일찌감치 포기하고 다른 사람 기획안 발표를 열심히 들었다. 우리 조에서는 나 혼자 최종 합격했다. 도대체 왜? 나중에 깨달았다. 피디는 좋은 아이디어를 내는 사람이 아니다. 작가나 조연출이 모여 회의할 때, 잘 듣는 사람이다. 자신이 낸 아이디어에 집착하는 사람이 아니라, 다른 사람 아이디어 가운데 가장 좋은 게 무엇인지 결정하는 사람이 피디다. 피디에게 아이디어가 너무 많으면 오히려 회의 시간에 작가나 스태프가 입을 다문다. 아는 게 없어 듣기에 치중했는데, 그것이 오히려 강점으로 작용했다.

최종 합격 통보를 받고 정말 의외였다. 'MBC는 참 이상한 방식으로 사람을 뽑는구나' 싶었다. 후배에게 말했더니 비슷한 반응이었다.

"선배가 MBC 피디에 합격했다고요?"

속으로는 후배도 '참 이상한 일이네' 생각했을 것이다. 나중에 입사하고 깨달았다. 나는 엄청나게 운이 좋았다. 후배의 방송반 선배들이 언론사 공채를 준비하던 1994년과 1995년 즈음에 MBC는 한 해에 신입 피디를 서너 명만 뽑았다. 1996년 공채는 달랐다. 규모가 대폭 늘어 피디만 열다섯 명을 뽑았다. 여기엔 사정이 있다. 1996년 MBC 노조는 강성구 사장의 전횡에 반발해 사퇴를 촉구하며 파업을 벌였다. 노조 집행부 중징계 결정에 보도국 소속 기자들이 집단으로 사표를 제출함으로써 결국 강성구 사장이 물러났다. 신임사장에 오른 이득렬 사장은 조직 분위기 쇄신 차원에서 대규모 신입사원 공채를 결정했고, 그 결과 피디 열다섯 명을 포함한 쉰 명의 신입사원을 뽑았다. 그 다음해인 1997년에는 IMF 사태가 터지며 채용

규모가 다시 줄었고, 1996년 같은 대규모 공채는 두 번 다시 이뤄지지 않았다. 피디를 서너 명만 뽑을 때는 나처럼 엉뚱한 사람을 뽑을 여유가 없다. 관련 전공자나 언론고시를 다년간 준비한 지원자들 가운데 가장 우수한 사람을 뽑았을 것이다. 그런데 열다섯 명을 뽑다 보니 다양성을 추구할 수 있었고, 평소라면 뽑지 않을 엉뚱한 지원자에게 기회를 준 것이다.

입사 소식을 들은 아버지도 놀라셨다. 아버지는 1960년대 중앙대학교 신문방송학과를 나왔지만 신문사나 방송사에 입사하지 못해 교사의 길을 걸었다. 아버지는 당신이 언론사에 취업하지 못한 건 당시에 이른바 '빽'이 없었기 때문이라고 생각하셨다. 합격 소식을 들은 아버지의 첫 마디는, "MBC는 '빽'이 없어도 뽑아주디?"였다.

1990년대 MBC 노조는 최창봉·강성구 두 명의 사장을 투쟁으로 몰아냈다. 그 결과 MBC 노조의 힘이 강해지고 경영진은 노조의 눈치를 살피게 됐다. 방송사의 최대 자산은 사람이라는 걸 알기에 노조는 신입사원 채용 과정을 철저하게 감시했다. 치열한 경쟁이 투명하고도 공정한 방식으로 이뤄졌고 이는 훗날 스타 피디·기자·아나운서를 양산하며 MBC의 르네상스를 가져온 원동력이 됐다. 입사하고 보니 공채로 들어온 모든 이가 자부심을 가지고 일했다. 사주 일가가 있는 조직도 아니기에 갑자기 낙하산이 내려온다거나, 2세가 방송 제작에 입김을 행사하는 일도 없었다.

공대를 졸업한 뒤에 내가 1992년에 들어간 첫 직장은 한국 대기업이 지분을 출자한 미국계 기업이었다. 직원들이 농 삼아 한국 회사와 미국 회사의 단점을 섞어놓았다고 말했다. 이를테면 야근이 잦은 이유는 한국 기업이니까 그렇고, 업무용 메일을 영어로 쓰는 건 미국 모회사가 소통의 기준이니까 그렇다고 했다.

반면에 MBC는 대학 동아리와 기업의 장점을 반반 섞어놓은 회사였다. 직원들에게 자율성이 보장됐다. 매번 인사 이동철이 되면 개인 면담을 통해 물어봤다. 하고 싶은 프로그램이 뭐냐고. 그 의견을 최대한 존중해줬다. 기본적으로 밤을 새워 일을 하는 곳인데, 기왕이면 자신이 좋아하는 일을 해야 즐겁게 일하리라 생각했다. 마음껏 취미 생활하고 월급을 받는 기분이었다. 입사 동기들끼리 만나면 'MBC가 한국에서 제일 좋은 회사'일 것이라고 했다. 그랬더니 누가 그랬다. 한국이 아니라 지구 전체에서 가장 좋은 회사라고. 아직 외계생명체의 존재가 확인된 바 없으니, MBC는 어쩌면 우주 전체에서 가장 좋은 회사라는 말에 다들 웃음을 터뜨렸다. 나는 지금도 그 시절의 MBC는 전 우주에서 제일 좋은 회사였다고 생각한다.

회사를 사랑하게 된 딴따라

1996년 MBC에 입사하고 동기들과 여섯 달 동안 연수를 받았다. 연수 프로그램 중에는 각 직군의 선배들이 자신의 업무를 소개하는 순서가 있었다. 보도국 선배가 저널리즘에 대해 강의하는 시간에 심각한 표정으로 수업을 들으며 난감한 질문을 던지는 입사 동기가 있었다. 그가 이용마였다. 신입사원끼리 둘러앉아 자신이 MBC에 들어온 이유를 소개하는 시간이 있었다. 이용마는 서울대학교 정치학과에서 학사·석사를 마쳤는데 언론이 사회에 미치는 영향이 지대하다는 것을 깨닫고 보다 나은 세상을 위해서는 언론이 더 좋아져야 한다는 생각에 방송사에 투신했다고 말했다. 순간 나는 위화감을 느꼈다.

'나는 후배에게 점수 따려고 들어왔는데.'

누군가 심각하게 이야기하면 나는 장난기가 발동한다. 내 차례가 되자 이렇게 말했다.

"피디가 되면 예쁜 연예인 많이 구경한다는 말에 왔어요. 신인 탤런트와 소개팅하는 게 꿈입니다."

농담을 진지하게 받아들인 신동진 아나운서에게 혼쭐이 나기도 했다. 훗날 그 신동진 아나운서가 내 결혼식에서 사회를 봐줬다.

수습 기간에는 한 달 월급이 80만 원이었다. 1996년 당시 내 통역 시급이 5만 원이었다. 하루 여덟 시간 일하면 일당이 40만 원이었다. 이틀 일당과 월급이 같다니, 이 돈을 받고 회사를 계속 다녀야 하나 싶었다. 조금 다녀보고 재미없으면 언제든 그만두고 통역사의 길을 가려던 속내는 금세 사라졌다. 일이 너무 재미있고 회사가 너무 좋았다.

처음 맡은 프로그램은 《인기가요 베스트 50》이라는 가요순위 프로그램이었다. 조연출로 일하며 가수들에게 큐사인을 줬다. 밴드 라이브 공연을 시작할 때는 드러머에게 손으로 사인을 줬는데, 내 사인에 따라 노래와 춤의 화려한 무대가 펼쳐지는 게 너무 신기하고 뿌듯했다. 추석 특집에서 설운도 씨가 〈사랑의 트위스트〉를 부를 때는 백댄서로 출연했다가 노래 막바지에 무대 중앙에 나가 춤을 추기도 했다. 신입사원에게

설운도 씨의 〈사랑의 트위스트〉 노래에 맞추어 춤추던 모습

신입사원에게 방송 출연도 시켜주는 회사 덕분에 시골에 계신 아버지·어머니에게 자랑스러운 아들이 될 수 있었다.

 《인기가요 베스트 50》 출연 영상 링크

(https://youtu.be/DxhMjJx8lTl)

방송 출연도 시켜주는 회사 덕분에 시골에 계신 아버지·어머니가 무척 좋아하셨다.

"설운도 옆에 나와서 춤춘 사람, 그게 우리 아들이라니까!"

회사 8층 자료실에는 구하기 힘든 영화 자료가 수천 편씩 구비되어 있었다. 영상 문법을 공부한 적이 없어 매일 하루 세 편씩 영화를 봤다. 솔직히 말하자면 공부라는 핑계로 종일 영화를 실컷 볼 수 있어 너무 좋았다.

1996년 입사하기 직전에 캐나다를 여행하다가 애니메이션 페스티벌에 갔다. 거기서 〈월레스와 그로밋〉이라는 스톱모션 애니메이션을 보고 깜짝 놀랐다. 찰흙으로 만든 인형을 조금씩 움직여서 애니메이션을 만들었다. 배우도, 큰 세트도 필요 없고 오로지 끈기와 아이디어만 있으면 만들 수 있는 영화. '아, 저런 식으로 영화를 만들 수도 있구나' 했다.

MBC 신입 조연출이 되어 처음 맡은 업무는 《인기가요 베스트 50》의 예고편 제작이었다. 가요순위 프로그램 예고편은 늘 틀에 박힌 식이었다. 이번 주 출연가수는 누구누구이고, 이번 주 1위 후보는 누구이고. 색다르게 만들어보고 싶었지만 예산이 없었다. 출연료도, 촬영 예산도 없었다. 생방송이라 미리 찍어놓은 화면도 없어 기존 방송분과 뮤직비디오를 편집해 만들었다. 그때 문득 캐나다에서 본 스톱모션 애니메이션이 떠올랐다. 목각 관절 인형 하나를 샀다. 회사에서 지급한 6밀리 비디오카메라 한 대로 주말에 자취방에 혼자 앉아 애니메이션을 찍었다.

책상 위에 목각 인형이 하나 있다. 시계가 오후 여섯 시를 가리키자, 갑자기 목각 인형의 고개가 까딱 움직인다. 팔다리 관절이 조금씩 구부러지더니 기어가기 시작한다. 잠시 후 서서 걷고, 상을 오르며 어딘가 필사적으로 간다. 결국 인형의 손끝이 닿은 곳에 텔레비전 리모컨이 있다. 인형의 손이 리모컨 버튼을 누르자 텔레비전이 켜지고 《인기가요 베스트 50》의 타이틀이 뜬다. 아래 자막, "토요일 저녁 여섯 시 생방송, 절대 놓치지 마세요."

카메라 타임랩스에 자동 촬영 모드를 걸고 조금씩 인형의 관절을 움직여 동작을 연출했다. 찍어놓고 보니 너무 엉성해서 방송 불가 수준이었다. 그래도 열심히 찍었으니 방송용 테이프로 방식을 전환하고 조연출인 노창곡 선배에게 들고 갔다. 신입 조연출은 현장 실습을 겸해 여섯 달 정도 선배 조연출과 함께 일했다. 내 영상을 본 선배가 한참을 고민하더니 특수영상 제작실에 가져갔다. 컴퓨터 그래픽을 담당하던 최진형 선배는 조악한 영상을 보고 뜨악해서는 "이걸 방송에 내려고?" 했다. 집에서 홈비디오로 찍은 아마추어 영상이었다. 노창곡 선배가 그랬다.

"얘가 그래도 신입 피디라고 처음으로 뭔가 만들어왔는데,

그냥 방송 불가라고 하면 기가 꺾이잖아. CG로 효과를 좀 내면 괜찮지 않을까?"

내가 만든 애니메이션은 움직임이 툭툭 끊겼다. 걷는 동작은 온몸의 관절이 움직이는 속도가 다 다른데, 일괄적으로 시간차를 주었으니 당연히 부자연스러웠다. 선배 둘이서 밤을 새며 영상을 다듬었다. 디지털 줌을 넣기도 하고, 때로는 슬로우 모션을 걸어 겨우 볼 만한 수준으로 만들어놓았다. 그 예고편이 방송에 나가고 주위에서 화제가 됐다.

"그걸 어디서 만들었어? 외주 업체에 맡긴 거야?"

"제가 주말에 혼자 만들었는데요."

예고편을 종합편집실에 가져가서 편집하던 날, 당시 《우리말 나들이》를 연출하던 강재형 아나운서가 뒤에서 보더니 "이건 뭐야?"라고 물었다. 당시는 〈월레스와 그로밋〉이 국내에 개봉하기 전이라 스톱모션 애니메이션을 처음 보는 사람도 많았다.

강재형 선배는 훗날 대한민국 아나운서 대상을 수상했는데, 2012년 파업 때 후배들 편에 서서 싸우다가 아나운서국에서 쫓겨났다. 나와 함께 주조정실에서 교대 근무로 일했다. 내가 밤을 새워 근무를 마치면 강재형 선배가 아침 7시 반에 맞교대하러 왔다. 2017년 MBC 정상화 이후, 아나운서국에 복귀한 강재형 선배는 나를 사무실로 불러 목각 관절 인형을 선물

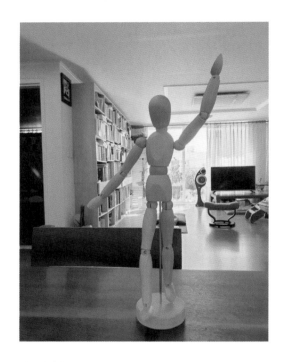

강재형 선배가 선물해준 목각 관절 인형

당시 선배들은 내가 집에서 홈비디오로 찍은 아마추어 영상을 최대한 다듬어 볼 만한 퀄리티로 방송에 내보내주었다. 신입 조연출의 기를 꺾으면 안 된다는 이유에서였다.

로 주셨다. 내가 예고편에 출연시켰던 그 인형이었다.

"우연히 이 인형을 봤는데, 22년 전에 민식 씨가 만들었던 그 예고편이 생각나더라. 그래서 선물로 하나 샀어."

위기가 가져다준 기회

첫 직장에서 내 별명은 '아메리칸 스타일'이었다. 회식에 잘 가지 않고, 근무시간이 끝나면 칼같이 퇴근한다고. MBC에 들어가서는 시키지 않은 일도 찾아서 했다. 회사에서 빌린 영화 자료를 매일 밤늦도록 혼자서 돌려보며 예고편 아이디어를 찾고, 영상 콘티를 연구했다. 이 회사는 나의 개성을 존중하고, 나의 열정을 귀하게 여겼다. 하고 싶은 것은 일단 한번 도전해보라고 등을 툭툭 쳐주고, 잘 안 돼도 누가 뭐라 하지 않았다.

방송반 활동을 했던 후배 덕분에 MBC에 지원했고, MBC에서 피디로 뽑아준 덕분에 그 후배와 결혼했다. 코미디 프로그램 조연출로 일하던 시절에 결혼식을 올렸다. 당시 피디는 갓 데뷔한 선배라 프로그램 욕심이 많았다. 신혼여행에서 돌아오자마자 야근과 밤샘 편집에 시달렸다. 매일 밤 새벽에야 집으로 돌아갔다. 조연출 생활이 힘든 까닭은, 하루 일정을 스스로 정할 수 없기 때문이다. 연출이 회의하자고 하면 회의를 하고, 편집을 다시 하라고 하면 밤을 새워 다시 편집해야 했다. 서울에서 나고 자라 늘 집에서 가족과 지내던 사람에게 결혼하고 매일 밤 혼자 빈 집을 지키게 하니 너무 안쓰러웠다. 아내에게는 연출로 데뷔하면 스케줄을 직접 관리할 수 있으니 조금 나아질 것이라 했다.

결혼하고 한 달째 되던 날, 처음으로 아내와 같이 저녁을 먹기로 했다. 일이 없는 날이라 일찍 퇴근해 아내와 외식 약속을 잡았다. 강남의 유명한 식당에서 아내와 둘이 앉아 데이트를 하는데 갑자기 휴대전화가 울렸다. 선배에게서 걸려온 전화였다. 급하게 회의를 소집했으니 다시 여의도 회사로 오라고 했다. 아내 표정이 어두워졌다.

'설마 메뉴 다 시켜놓고 혼자 내빼는 건 아니겠지? 바람맞은 여자처럼 오늘 이 레스토랑에서 혼자 저녁을 먹게 하는 건 아니겠지?'

아내를 보며 가만히 생각해봤다.

'MBC에 온 이유가 저 사람에게 잘 보이기 위해서인데, 지금 선배에게 잘 보이려고 이 사람을 바람맞히는 게 맞나?'

전화기에 대고 말했다.

"지금 가족 모임으로 나와 있습니다. 오늘 저녁에 다시 출근하기는 어렵습니다. 선배님이 먼저 회의를 하시면, 제가 내일 아침에 작가를 통해 내용을 확인하겠습니다."

연출 선배가 어이없어 했다.

"지금 연출의 말을 무시하는 거야?"

"제가 사정이 있어서요."

"민식 씨, 이런 식으로 나오면 나는 민식 씨와 일 못 해."

"그럼 부장에게 가서 보고하십시오. 김민식과 일 못 하겠으니까 다른 조연출을 배정해달라고요."

전화를 끊고 아내에게 씩 웃어 보였다.

"걱정 마. 안 들어가도 돼."

신혼인 아내에게 분명한 메시지를 주고 싶었다. 회사와 가정 사이에 선택이 필요하다면 당신을 택하겠다. 다음 개편 때 나는 프로그램에서 잘렸다. 부장은 선배에게 밉보인 나를 자신이 담당하던 프로그램으로 옮겨주었다. 당시에는 낮은 시청률 때문에 맥을 못 춰 다들 기피하는 일일 시트콤 《논스톱》이었다. 《논스톱》으로 쫓겨간 후 미친 듯이 일했다. 한 번 팀에서 쫓겨나면 선배 잘못인지, 내 잘못인지 알 수 없다. 하지만 두 번 쫓겨나면 내가 문제다. 이번에는 절대 쫓겨나지 말아야겠다는 생각으로 이 악물고 일했다.

영어 회화를 공부할 때 녹화해두었던 시트콤 《프렌즈》를 꺼냈다. 예전에는 영어 공부하느라 봤다면 이번에는 시트콤 문법을 배우고 싶어서 봤다. 배우들이 대사를 주고받는 타이밍, 웃음이 터지는 타이밍을 계속 살폈다. 시트콤은 재미난 대사를 한 후 약간의 호흡이 필요하다는 걸 깨달았다. 그래야 방청객의 웃음소리에 다음 대사가 묻히지 않는다. 퇴근하고 미국 시트콤 제작 스튜디오에 연수받으러 간다는 기분으로 《프렌즈》를 반복 시청했다.

《논스톱》이 방송 석 달 만에 막을 내린 후 급조한 프로그램이 《뉴 논스톱》이다. 《뉴 논스톱》을 찍으면서 영화 패러디도 많이 했다. 워낙 영화를 좋아해서 머릿속에 저장된 장면이 많았다. 비슷한 상황이 있으면 패러디를 했다. 입사 초기에 하루 세 편씩 본 영화들이 큰 도움이 됐다. 잘 듣는 게 나의 강점이라 생각하고, 배우들의 의견에 귀를 기울이고 그들의 아이디어를 촬영에 적극 반영했다. 그랬더니 양동근·박경림처럼 코믹 감이 좋은 친구들이 신이 나서 일했다. 나는 믿고 맡겨주면 미친 듯이 일을 하고 간섭하면 기운이 빠져 흥이 나지 않는 스타일인데, 《뉴 논스톱》 연출 선배들은 믿고 맡겨주는 분위기였다. 처음에는 조연출로 야외 촬영을 담당하다가 연출로 데뷔해 스튜디오 녹화까지 맡았다.

지금도 나는 처음으로 《뉴 논스톱》 세트 녹화하던 날 부조정실 풍경을 기억한다. 내 오른쪽에는 기술 감독 오영삼 국장이 앉아 계셨고, 뒤에는 조명감독 정각종 국장, 그리고 세트에는 촬영감독 함윤수 국장이 계셨다. 나는 새파랗게 젊은 입사 4년차 피디인데, 나를 도와 녹화를 해주시는 촬영과 기술 스태프는 모두 50대 국장이었다. 실력도 뛰어나지만 인품도 훌륭한 분들이라 방송 말미에 스태프 명단이 올라가는 걸 보고 편집실 스태프들이 "드림팀이네" 하고 입을 모았다. 촬영·기술·조명·미술 등 모든 분야의 최고들이 모인 팀이었다.

나중에 다른 프로그램을 맡았을 때 영상미술국이나 기술국을 찾아가 예전에 함께 일했던 멤버들로 스태프 배정을 요청했다가 퇴짜를 맞았다.

"민식 씨, 그건 데뷔하는 신인 연출들을 위해 우리가 특별히 배려한 거지, 늘 그런 멤버들로 꾸릴 순 없어요."

각 분야의 베테랑들이 편안한 분위기를 만들어주고, 당시 신인이었던 조인성·장나라를 비롯해 젊은 배우들이 한데 어우러져 즐겁게 촬영한 덕에 《뉴 논스톱》은 점점 시청률이 올랐다. 2002년 백상예술대상 시상식에서 신인연출상도 받았다. 시상식에 나가 양동근의 유행어를 패러디한 수상소감을 발표했다.

"럴쑤, 럴쑤, 이럴 쑤! 청춘 시트콤 연출로 백상예술대상을 타는 날이 오다니, 생각도 못 했습니다."

방송에 문외한이었던 내가 입사 5년 만에 신인연출상을 받은 건 MBC의 조직문화 덕분이다. 신인도 마음 편하게 도전할 수 있는 분위기였고, 무엇보다 네 일 내 일 따지지 않고 도와주는 환경이었기에 가능했다. 《뉴 논스톱》이 성공을 거두자 회사에서는 내게 《논스톱 3》까지 기획하라고 했다. 《뉴 논스톱》을 찍으면서 동시에 《논스톱 3》를 기획하고 캐스팅했다. 2년 반 동안 500편 넘게 《논스톱》 시리즈를 만들었다.

2001년 MBC 《시사매거진 2580》은 연예계의 부조리를 파헤치는 방송을 내보냈다. 이 때문에 연예 제작사 협회에서 MBC 예능 프로그램 출연을 거부한 적이 있었다. 보도는 기자가 했는데, 분풀이는 예능 피디가 당했다. 당시 《일요일 일요일 밤에》 인기 코너 〈게릴라 콘서트〉의 섭외를 가수들이 줄줄이 거절하는 통에 불방 위기에 빠졌다. 《뉴 논스톱》 출연자들을 설득해 게릴라 콘서트에 다 함께 출연했다. 나는 당시 구름처럼 몰려든 관중의 모습에 감격해 무대에 올라가 방정맞게 춤을 추고 노래를 불렀다. H.O.T.의 〈캔디〉를 불렀는데, 방송에서 뺄 줄 알았더니 《일요일 일요일 밤에》를 연출하던 신정수 선배가 마지막에 한 장면 넣어줬다. 그 덕에 한동안 '캔디 피디'라는 별명으로 불렸다.

어느 날 저녁, 시립 도서관을 찾았다. 지하 휴게실에 앉아 있는데, 저녁 일곱 시가 되자 하나둘 중고생 아이들이 텔레비전 앞에 모여드는 모습이 보였다. 누가 뭐랄 것도 없이 당연한 듯

채널은 11번에 고정되어 있었다. 《뉴 논스톱》이 시작되자 서로 모르는 아이들이 같은 장면에서 함께 웃고, 함께 안타까워했다. 방송이 끝나자 언제 그랬냐는 듯이 수십 명의 아이가 뿔뿔이 열람실로 흩어졌다. 아, 내가 만든 청춘 시트콤이 입시 공부에 시달리는 아이들에게는 하루의 피로를 씻어주는 자양강장제였구나. 청춘 시트콤을 만들면서 그때만큼 보람을 느낀 때도 없다. 밤을 새워 일해도 힘들지 않던 시절이었다.

그렇게 선배에게 들이받고 쫓겨간 《논스톱》이 오히려 출세작이 됐다. 고분고분 참거나 순응하지 않은 덕에 즐거운 인생이 시작됐다. 이제는 살다가 나를 괴롭히는 인간을 만나면 생각한다.

'그래서 이 양반은 내게 또 어떤 행운을 안겨줄까?'

2001년 《MBC 노보》에 추석 특집 프로그램에 대한 비평이 실렸다. 추석의 의미를 되새기는 교양 프로그램은 없고, 예능 프로그램 짜깁기로 국민의 재산인 전파를 낭비한다는 글이었다. 그걸 보고 발끈한 나는 회사 게시판에 반박 글을 올렸다. 일일 시트콤을 연출하면서 월·화·수·목·금 매일 한 편씩 방송을 만들었고 일요일에는 스페셜 재방을 편집해서 내보냈다. 남들이 쉬는 연휴에는 심지어 특집 방송까지 만들었다. 정규 방송 제작 시간도 빠듯해 명절 특집을 새로 찍기는 힘든 상황이었다. 기존 방송분을 편집하면서 '원 소스 멀티 유즈'로 회사의 수익을 올려준다는 보람을 느꼈다. 심지어 광고도 잘 팔렸다. 당시 저비용 고효율 구조인 《뉴 논스톱》은 MBC 효자 프로그램이었다. 노조가 회사의 경영이나 편성 활동에 감시와 견제 기능을 수행하는 건 알지만 그렇다고 열심히 일하는 사람들 발목은 잡지 말라고 게시판에 썼다.

MBC는 노조가 강한 조직이라, 조합 활동에 반발하는 나를 걱정하는 선배도 있었다. 하지만 나는 조합 활동에 관심이 없었고, 파업에는 반대했다. "파업하는 것보다 방송 만들어서 시청자들을 재미나게 해주는 게 최고의 공익 아닌가요?" 하고 반문했다. 몇 년 후 내가 그 노조의 집행부가 될 줄은 꿈에도 몰랐던 시절이다.

어쩌다 보니 부역자

2005년 《PD수첩》 〈황우석 신화의 난자 의혹〉편 방송이 나가고 MBC는 온 국민의 적이 됐다. 당시 국민 여론이 얼마나 험악했으면 "MBC로 갑시다" 하면 승차거부를 하는 택시 기사도 있었다. 그렇지 않으면 타고 가는 내내 MBC 욕을 들어야 했다. 소심한 나는 택시를 타고 "여의도 증권거래소 후문으로 가시죠"라고 하고 내려서 길을 건너 회사로 갔다.

《PD수첩》 〈황우석 신화의 난자 의혹〉편이 나가던 날 아내에게 말했다.

"이제 우리 MBC는 망했다. 《PD수첩》 보도가 틀렸다면 국민 영웅을 모함한 게 되고, 맞다면 우리는 국가적 영웅을 죽인 꼴이 된다. 이러나저러나 우리는 망했다. 그런데 부인, 그

거 알아? 저런 방송을 할 수 있는 언론사는 지금 대한민국에 MBC 하나밖에 없어."

제작 자율성 보장, 그것이 《PD수첩》이 숱한 특종을 만들고 국민들에게 사랑받고 신뢰받는 방송이 될 수 있었던 이유다. 그건 예능 피디이던 내게 행복의 근원이기도 했다. MBC 특유의 조직문화라 할 수 있는 제작 자율성은 과거 노조 선배들이 군부독재와 맞서 싸워 얻어낸 결실인데 난 그걸 몰랐다. 나중에 그 자율성이 사라진 다음에야 노조의 중요성과 투쟁의 필요성을 절실히 깨달았지만 이미 늦은 후였다.

예능 피디로서 내게는 공영성 강화보다 더 큰 고민이 있었다. 바로 청춘 시트콤의 지속 가능 여부였다.

2006년에 《레인보우 로망스》라는 시트콤을 연출할 때, 시청률 분석표를 보다가 묘한 점을 발견했다. 2000년에 《뉴 논스톱》의 주 시청층은 중고생들이었다. 《레인보우 로망스》의 경우, 주 시청층 연령이 초등학생으로 내려갔다. 이는 MBC 게시판에 올라온 시청자 의견에서도 느낄 수 있었다. 시청층이 확실히 어려졌다.

'이건 왜 그럴까?'

그사이에 학생들의 일과가 변했다. 2000년까지만 해도 중고생들은 학교 수업을 마치면 집에서 저녁을 먹으며 일곱 시에 하는 청춘 시트콤을 시청한 후 다시 독서실이나 공부방으로 갔다. 그 시절에는 방송 3사에서 오후 일곱 시에 청춘 시트콤을 경쟁적으로 편성했다. 2005년 이후 학원에 가는 중고생의 숫자가 늘었다. 학교를 마치고 편의점 삼각 김밥이나 분식집 라면으로 저녁을 때운 후 학원으로 직행했다. 몇 년 사이에 중고생 아이들의 삶이 더 팍팍해졌다. 심지어 인터넷에 파일 공유 사이트들이 생기면서 학원을 마치고 밤 열한 시에 집에 와서 컴퓨터로 시트콤을 다운받아 보는 아이들이 많아졌다.

공중파 방송은 실시간 시청률을 근거로 광고를 유치하고 판매한다. 실시간 시청률이 계속 하락하면 청춘 시트콤은 사라질 것이다. 청춘 시트콤 전문 연출가로 10년 가까이 살았는데 청춘 시트콤이 사라지면 어떻게 하지? 그러다 드라마를 봤다. 1996년 입사했을 때는 드라마 피디에 별로 관심이 없었다. 심각한 정치 드라마나 역사 사극이 많았기 때문이다. 나는 가벼운 코미디를 좋아한다. 그래서 시트콤이 있는 예능국을 지원했다. 10년이 지나면서 드라마에도 가벼운 로맨틱 코미디물이 늘어났다. 더 나이 들기 전에 드라마로 옮겨 새로운 장르에 도전해보고 싶었다.

2007년 드라마 피디 여럿이 프리랜서 선언을 하고 회사를 나갔다. 드라마 피디가 부족하다고 해서 갑자기 신입사원으로 대체할 수는 없다. 조연출이 피디가 될 때까지 7, 8년이 걸리는데, 당장 일손이 부족했다. 그래서 내부 공모 공지를 냈다. 청춘 시트콤이 사라질 날이 머지않았다는 걸 깨닫고 고민하던 나는 드라마 피디로 이직할 기회를 맞닥뜨렸다. 예능 피디로 10년간 즐겁게 살았는데, 굳이 나이 마흔에 새로운 도전을 해야 할까? 아내와 상의했더니 내게 이렇게 물었다.

"드라마 피디 내부 공모 공지를 봤을 때 마음이 어땠어?"

"막 두근두근했어, 새로운 일에 도전할 수 있는 기회라는 생각에."

"그럼 해. 살면서 가슴을 두근대게 하는 일을 만나는 기회가 그렇게 흔하지는 않아. 하고 싶은 일이 있으면 하고 살아야지."

면접을 보고 드라마로 옮긴 후 깨달았다. 예능 피디는 협업을 중시하고, 드라마는 개인의 역량을 중시한다. 같은 피디지만 성격은 판이하게 다르다. 물론 옮기기 전부터 텃세로 고생할 줄은 익히 예상했지만, 그래도 지원할 수 있었던 이유는 MBC라는 조직에 대한 신뢰 덕분이다. 나는 MBC를 믿었다. 새로운 도전을 너그럽게 받아주고 공정한 기회를 줄 것이라 생각했다. 또 실패하더라도 예능국으로 복귀할 수 있다고 생각했다. MBC 피디로 일하는 한, 그곳이 예능국이든 드라마국이든 차이는 없을 것이라 생각했다.

2007년 드라마국으로 옮긴 후, 《비포 앤 애프터 성형외과》를 만들고 쉴 때 《뉴 논스톱》을 함께 만든 박혜련 작가가 전화를 주었다. 미니시리즈로 데뷔하려는 친한 후배 작가가 쓴 대본이 내가 좋아할 만한 내용이라고 했다. 학창 시절에 잘나가던 날라리가 공부 잘하는 전교 1등을 만나 결혼한다. 정작 바른 생활 사나이인 남편은 주변머리가 없어 회사에서 물먹기 일쑤다. 바보 온달을 출세시키기 위해 백방으로 뛰는 현대판 평강공주 이야기, 바로 박지은 작가의 데뷔작 《내조의 여왕》이었다. 대본을 보는 순간, '내가 드라마국에 와서 만들고 싶은 건 이런 작품이야!' 싶었다. 그래서 제작사에 달려가 연출을 하고 싶다고 밝혔다. 제작사에서는 반겼지만 회사에서 난색을 표했다. 미니시리즈 조연출도 해본 적이 없는 내게 일을 맡기기엔 부담스러웠던 것이다. 다른 선배가 연출을 맡은 걸 보고 달려가 공동 연출이라도 시켜달라고 했다. 그만큼 욕심 나는 작품이었다.《내조의 여왕》은 첫 회 8퍼센트 시청률로 시작해 매회 시청률이 꾸준히 상승해 최종회에서는 30퍼센트를 넘기고 종영했다.

기세가 올라 바로 메인 연출을 맡은 작품이 《아직도 결혼하고 싶은 여자》다. 방송을 앞두고 한창 촬영을 하던 어느 날 아침, 아내에게 전화를 걸었다.

"부인, 나 망했어……."

좀체 기죽는 일이 없는 내가 풀 죽은 목소리로 전화한 걸 보고 아내는 '혹 촬영 중에 누가 죽었나?' 했단다.

"무슨 일이야?"

드라마《내조의 여왕》촬영장에서 찍은 사진(위)

대본을 보는 순간 생각했다. '내가 드라마에 와서 만들고 싶은 건 이런 작품이야!'

《주간 MBC》사보에 실린《내조의 여왕》연출 인터뷰(아래)

"겁 없는 MBC 피디의 도전은 계속된다"는 제목으로 기사화되었다.

"지금 경쟁사에서 새 드라마를 시작했는데, 첫 회 시청률이 20퍼센트가 넘었어. 이 드라마 5회와 우리 1회가 붙거든. 대진 운이 최악이야."

아내에게는 아침부터 엄살떤다고 혼꾸멍났다.

당시 KBS에서 드라마 《아이리스》가 시청률 30퍼센트를 넘기며 끝났고, 이어서 시작한 드라마 《추노》가 첫 회에 20퍼센트, 방송 4회 만에 시청률 30퍼센트를 돌파했다. 《추노》 5회와 내 드라마 첫 방송이 맞붙은 바람에 시청률은 단자리가 나왔다. 방송하는 내내 죽을 것처럼 아팠다. 작가와 배우들의 힘이 빠지지 않도록 늘 웃으면서 촬영장을 뛰어다녔지만, 혼자 있을 때는 너무 괴로웠다. 패장의 외로움과 괴로움을 누가 알아줄까?

다행인 것은 MBC의 너그러운 분위기였다. 드라마가 망한다고 월급을 깎거나 징계하는 일은 없었다. 시청률이 안 나오면 피디가 가장 괴롭다. 그걸 알기에 위로하고 격려해주지, 뭐라고 비난하는 사람은 없었다. 《아직도 결혼하고 싶은 여자》가 끝나고 몇 달 지나지 않아 새로운 주말 연속극 연출로 투입됐다. "사랑하라, 한 번도 실연한 적 없는 것처럼. 연출하라, 한 번도 실패한 적 없는 것처럼"을 외치며 다시 일에 들어갔다.

2007년 드라마 피디가 된 후, 3년 동안 네 편의 드라마를 만들었다. 내가 열심히 일하는 동안 MBC에는 먹구름이 조금씩 드

리우기 시작했다. 2008년 이명박이 대통령으로 취임한 후 MBC
《PD수첩》〈미국산 쇠고기, 과연 광우병에서 안전한가?〉편이
방송되면서 정권에 눈엣가시가 됐다. 공중파의 여론 독점을 약
화시키기 위해 당시 집권 여당은 신문과 방송 겸업을 허용하
는 미디어 법을 국회에 상정했다. 보수 신문들이 방송에 진출
할 길을 열어주고 광고 영업이나 중간 광고 등 여러 특혜를 줬
다. MBC 노조는 종합편성채널(이하 종편) 방송 반대 파업을
벌이고 국회에 달려가 시위도 했다. 그러나 결국 국회에서 날
치기로 통과됐다. 2010년에는 엄기영 사장이 방송문화진흥회
(이하 방문진)의 압박에 밀려 사장직에서 물러나고 대통령의
대학 후배로 친분을 과시하던 김재철 씨가 사장에 취임했다.
MBC 노조는 낙하산 사장 반대 투쟁에 나서 39일 동안 파업
을 했다.

나는 두 번의 파업에 다 불참했다. 미디어 법 파업 때는 《내
조의 여왕》을 찍는 중이었고, 2010년 파업 때는 《글로리아》를
준비하던 중이었다. 원래 노조에 별 관심이 없어 파업을 해도
집회에 나가지 않았다. 대신 작가를 만나 회의하고 제작사와
함께 캐스팅 회의를 했다. 어느 날 담당 부장에게 전화가 왔다.

"요즘 《글로리아》 준비는 잘돼가?"

"네, 열심히 하고 있습니다."

"일을 이렇게 열심히 하는데 파업자 명단에 이름을 올리는

건 아닌 것 같아."

"네?"

"민식 씨는 열심히 드라마 기획 중이니까 파업에서 열외 인원으로 올릴게."

"네, 알겠습니다."

당시에는 그게 어떤 의미인지 잘 몰랐다. 다만 부장이 전화해서 그렇게까지 말하는데, 굳이 반대할 이유는 없었다. 그렇게 나는 부장의 배려(?) 덕에 파업 불참자가 됐다.

2010년 파업은 조합의 대패로 끝났다. 이근행 위원장이 단식 농성을 하다가 응급실로 실려가고 집행부였던 내 입사 동기들은 삭발 투쟁에 철야 단식 농성도 했다. 39일 동안 싸웠지만 이근행 위원장과 정대균 수석부위원장이 해고되고 김재철은 건재했다. 뼈아픈 점은 파업을 끝내는 과정이었다. 해고자를 남겨두고 복귀할 수 없다는 강경파와 방송에 복귀해서 현장 투쟁을 이어가자는 온건파가 대립했다. 사흘 동안 이어지는 끝장토론에서 많은 조합원이 상처를 받았다. 싸워야 할 악당은 건재하고 오히려 같은 편끼리 내상을 입힌 최악의 시나리오였다. 노조에 열성이던 조합원일수록 내상을 크게 입었다. 조합이 회군을 결정하는 과정에서 집행부에 대한 신뢰가 깨졌다고 말하는 이도 많았다. 나는 당시 드라마 연출하느라 이런 상황을 몰랐다.

김재철 사장 취임 후 첫 인사에서 나는 입사 동기들 가운데 가장 먼저 차장으로 승진했다. 《아직도 결혼하고 싶은 여자》의 부진으로 내심 반성하는 자세로 살아야지 하다가 뜻하지 않게 승진해 기분이 좋았다. 혼자서 '역시 내 사랑 MBC는 실패에 관대한 조직이야!' 하고 좋아했다. 나중에 알았다. 당시 승진에서 누락된 동기들은 다 파업 참가자들이었다. 어느새 나는 부역자가 되어 있었다. 그걸 깨달은 순간 너무 부끄러웠다.

저는 이번 파업, 반대합니다

김재철 사장이 온 후, MBC 노조는 위기를 맞았다. 39일 파업 막바지에 복귀하느냐, 계속 싸우느냐로 내홍까지 겪었다. 2011년 1월, 새로운 노조 집행부를 꾸려야 하는데 나서는 사람이 없었다. 내가 소속한 편성제작(이하 편제)부문은 교양·드라마·예능·라디오·편성·아나운서를 아우르는 직군이다. 정치적으로 민감한 사안을 다루는 교양 피디들은 제작 자율성을 지키기 위해 노조 활동에 열성적이었다. 강경파인 교양 피디가 노조의 주축이니 드라마나 예능 피디의 목소리가 조합의 의사결정에 반영되지 않는다는 의견이 있었다. 새로 꾸려지는 집행부에는 드라마와 예능 피디들의 목소리를 반영할 수 있는 온건파 부위원장을 세워야 한다는 여론이 나왔다. 전임 부위원장이던 신정수 선배가 내게 연락을 했다.

보통은 대의원 활동도 하고 조합 간사로 일하며 노조 활동에 적극적인 이들이 노조 부위원장이 된다. 내 경우에는 파업에도 동참하지 않던 비주류였다. 파업에 반대하는 드라마나 예능 조합원의 의견을 노조 집행부 내부에서 대변할 사람이 필요하다는 말에는 나도 동의했다. 하지만 그 누군가가 굳이 나여야 하는가? 아내는 단박에 반대했다.

"당신과 가장 안 어울리는 일이 노조 간부야. 당신은 그냥 코미디를 연출할 때 가장 행복한 사람인데, 노조에 가서 뭘 하겠어?"

딴따라인 내가 노조에 가서 뭘 하겠는가. 아내의 말에 일리가 있다. 신정수 선배에게 전화해서 거절 의사를 밝혔다. 그러자 드라마국 선배가 다시 연락을 해왔다. 앞으로 공중파 환경이 열악해지면 드라마국 분사나 구조조정 이야기가 나올 텐데 그럴 때 드라마국에서 노조로 파견한 사람이 있어야 관련 정보도 듣고, 나중에 지분을 요구할 수도 있다고 했다. 문득 드라마국으로 부서를 옮길 무렵이 떠올랐다.

사내공모로 예능 피디가 드라마국으로 온다는 소식에 후배들이 국장실에 쳐들어간 적이 있다. 드라마 연출 기회가 줄어들까봐 염려한 후배들의 단체 행동이었다. 예능국은 입사후 3년이면 데뷔하는데, 드라마 피디는 조연출 기간만 7년에서 8년이었다. 예능 출신 피디라면 조연출부터 다시 시작해야 한다고 주장했다. 연출 인력이 부족했던 드라마국은 후배들이 반대했음에도 내게 바로 프로그램을 맡겼다. 후배들과 일하면서도 마음은 불편했다. 제작 방향을 놓고 언쟁을 벌이던 후배에게 "형이 드라마를 알아요?"라는 소리까지 들었다. 이쯤에서 예능국으로 돌아가야 하나 싶었다. 젊은 시절에는 일이 즐겁지 않으면 그냥 그만뒀다. 그러나 당시에 나는 마흔의 늦둥이 아빠였다.

드라마로 옮긴 이유 가운데 하나가 늦둥이 민서였다. 마흔에 둘째딸을 얻었는데, 늦둥이라 정년퇴직 때까지 버텨도 아이가 대학 졸업을 못 한다. 민서를 생각하면 오래오래 일해야 하는데, 예능 피디보다 드라마 피디의 현업 재직 기간이 더 길었다. 드라마국 사무실 책상에 민서의 돌 사진을 붙여뒀다. 아침마다 아이의 사진을 보며 다짐했다.

'아무리 더럽고 치사해도 아빠는 너를 생각하며 오늘도 꿇을 것이다.'

드라마국에 안착하기 위해서는 희생타를 쳐야 할 시점이었다. 드라마 피디들이 원치 않는 일이지만 조직으로서는 꼭 필요한 자리, 그게 노조 부위원장이었다. 결국 출마를 결심했고, 2011년 1월 26일부터 치러진 MBC 노조 집행부 선거에서 98.1퍼센트의 찬성률로 편성제작부문 부위원장에 당선됐다.

초·중·고 통틀어 반장도 한 번 해본 적 없는 내가 난데없이 감투를 썼다. 심지어 노조 부위원장이라는 자리는 살면서 한 번도 생각해보지 못한 자리였다. 드라마국에 안착하기 위해 내린 결정 탓에 나는 훗날 드라마국에서 쫓겨난다.

생각해보면 당시에는 너무 순진했다. 노조 집행부 임기는 2년, 2011년에 출범한 전국언론노조 MBC본부(이하 언론노조 MBC본부) 9기 집행부는 임기 중인 2012년에 총선과 대선을 치러야 했다. 언론장악이 막바지에 치닫는 이명박 정부에서 총선과 대선 보도에 대한 통제는 더 심해질 것이었다. 그런 상황에서 끝내 참지 못하고 일어나 싸우면 집행부는 희생을 감수해야 할 테고, 끝까지 참고 넘어간다면 어용노조라는 비난과 지탄을 받을 것이었다. 즉 2011년 MBC 노조 집행부는 예정된 독배를 받아야 하는 자리였다. 위원장으로 나서려는 이도, 각 부문을 대표하는 부위원장도 없었다. 사람들은 미안한 마음에 높은 찬성률로 지지를 표했던 것이다. 조합 사정에 어두운 나는 별 생각 없이 받아들였다. 순진하게도 '98.1퍼센트 찬성이라니 내가 이렇게 인기가 좋은 사람이었나?' 얼떨떨해했다.

노보에 실린 당선의 변에 이렇게 썼다.

MBC라는 고마운 조직을 만나 늘 마음 내키는 대로 즐겁게 일하며 살아왔습니다. 이제 그 고마움에 보답하기 위해 지금 이 순간 제가 할 수 있는 최선을 다하겠습니다.

여기서 말하는 최선은 파업을 막는 데 최선을 다하겠다는 뜻이다. 드라마 촬영 중에 파업이 시작되면 함께 일하는 촬영감독들이 무척 난감해한다. 후배들은 부역자로 살지 말고 빨리 내려오라고 종용한다. 물론 촬영감독이 빠지면 외부 카메라맨을 쓰면 되지만, 몇 달 동안 밤을 새며 호흡을 맞춰온 스태프나 배우들과의 팀워크가 깨진다. 나는 매년 한 번씩 파업하는 문화가 바뀌어야 한다고 생각했다.

노보에 실린 9기 집행부 사진에 내 모습은 없다. 집행부 출범식이 열리던 날, 나는 네팔에서 안나푸르나 트레킹 중이었다. 드라마 《글로리아》를 마치고 대체휴가를 모아 한 달 동안 인도 네팔을 여행했다. 그만큼 나는 노조 활동에 미온적이었다.

김재철 사장이 취임한 후, MBC 뉴스는 끝없이 추락했다. 주요 뉴스는 다 데스크 회의에서 잘려나가고, 일선 기자들이 올린 리포트는 방송에서 사라졌다. 교양국 쪽도 분위기가 좋지 않았다. 2011년 3월, 《PD수첩》 연출진을 대거 교체하는 과정에서 최승호 피디가 전출되고, 아이템 취재를 막는 간부에게 항의한 이우환 피디는 드라마 세트장 견학 업무로 좌천되고, 이를 항의한 한학수 피디는 다시 경인지사 수원 사무실로 쫓

전국언론노조 MBC본부 제9대 집행부 출범식

집행부 출범식이 열리던 날, 나는 네팔에서 안나푸르나 트레킹 중이었다. 그만큼 당시 노
조 활동에 미온적이었다.

겨났다. 라디오 프로그램《세계는 그리고 우리는》을 진행하던 김미화 씨 등 경쟁력 있는 디제이들을 쫓아낸 후 수십 년 동안 시장 1위를 고수해온 MBC 라디오도 무너졌다.

결국 언론노조 MBC본부는 2011년 8월, 총파업 찬반 투표에 들어갔다. 이용마 노조 홍보국장이 편집을 맡은《MBC 노보》에는 〈조합원 여러분의 마지막 힘을 모아주십시오〉라는 글이 대문짝만하게 실렸다. 이용마의 진심 어린 호소였다.

조합원 여러분! 조합이 오늘부터 본격적인 파업 찬반투표를 실시합니다. 현 집행부가 지난 2월 출범할 당시 조합은 회사측과 전면전은 감히 엄두도 내지 못했습니다. 조합원들 사이에 작년 파업 실패가 남긴 정신적 상흔이 워낙 컸기 때문입니다. 그 트라우마는 지금도 남아 있습니다. 그래서 현 집행부의 슬로건도 "독하고 질기고 당당하게!"였습니다.

하지만 회사 측의 공세는 그치지 않고 있습니다. 우선 근근이 명맥을 유지하던 공정방송의 근간마저 뿌리 뽑으려 하고 있습니다. 정치사회적으로 민감한 이슈들은 아예 보도하지 않거나, 불가피할 경우 뉴스 말미에 생색내기 식으로 간단히 처리합니다. 기자들의 자기 검열은 이제 일상화되기에 이르렀습니다. 무엇이 참인지 구분하기 어렵다는 하소연이 이어집니다.

마지막으로 한 번 더 힘을 보태달라는 조합의 호소에 노조원들은 높은 파업 찬성률로 호응했다.

파업을 앞두고 집행부는 1박 2일 동안 워크숍을 갔다. 정영하 9기 집행부 위원장이 부위원장들에게 선물을 나눠줬다. 선크림이었다.

"이제 회사 내부에서 할 수 있는 싸움은 다한 것 같습니다. 거리로 나가야 할 때입니다. 남은 여름, 거리에서 보내야 한다는 각오를 다지기 위해 집행부 여러분께 선크림을 선물합니다."

위원장의 배려에 웃어야 할지 울어야 할지 모르겠더라. 옆에 앉은 홍보국장 이용마가 위원장의 말을 이어받았다.

"더는 지체할 시간이 없습니다. 이대로 가다가 MBC 노조는 사측에 호구로 찍히고요, 우리는 시청자들에게 신뢰를 잃고 맙니다."

파업 때마다 드라마를 만들던 나는, 남들 싸울 때 혼자 남아 일하는 괴로움에 대해 이야기했다.

"뉴스는 파업을 해도 큰 타격을 받지 않습니다. 보도는 시의성이 강합니다. 그날 일어난 일을 그날 저녁에 보도하죠. 하루 벌어 하루 사는 게 뉴스라면, 예능과 드라마는 다릅니다. 우리는 1년 농사를 짓습니다. 내년에 방송될 드라마일 경우, 지금 작가와 만나야 하고요. 여섯 달 뒤 촬영이라면 지금 배우를 만나 스케줄을 빼둬야 합니다. 파업에 들어간다고 방송 중인 드라마를 세울 수도 없어요. 스타급 배우들은 드라마 종영 이후 광고나 영화 스케줄을 미리 잡아두고 계약금도 받았어요. 파업 때문에 드라마 방송 일정이 밀려 영화 촬영에 못 들어가면 투자를 받아둔 영화가 날아가고 위약금을 물어줘야 합니다. 예능도 장기 프로젝트가 많습니다. 잘나가는 진행자들은 미리 스케줄을 받아둬야 합니다. 게스트도 최소 두 달 전에 섭외하고, 한 달 전에 아이템 짜고 두 주 전에 촬영하고 일주일 전에 편집하고 방송 전에 자막과 시지를 만들어야 합니다. 카메라나 미술 쪽 스태프는 파업하는데, 예능 피디 혼자 방송을 만들 수도 없어요. 파업 종료하면 보도국은 복귀한 다음 날 바로 뉴스를 만들어 내보내지만, 예능과 드라마는 방송 정상화까지 시간이 걸립니다. 동시간대 타방송사로 한번 유입된 시청자를 다시 빼앗아오기도 쉽지 않습니다. 그 잘나가는 《무한도전》도 파업 한 번 할 때마다 눈에 띄게 시청률이 빠집니다. 총파업 이야기가 나올 때마다 예능과 드라마 피디들은 피가 바짝바짝 마릅니다. 부역자 소리를 들으며 남아서 일하는 것도 힘들고요. 저는 이번 파업, 반대합니다."

결전의 막은 오르고

총파업 투표가 가결됐지만, 파업은 하지 않았다. 이때 위원장과 홍보국장이 강경한 모습을 보인 까닭은 회사에 총파업 카드를 동원해 압박을 가하기 위한 제스처였다는 걸 나중에 알았다. 사측은 노조가 2010년 파업에 패배한 후 빈사 상태에 이르렀다고 판단하고 단체협약 해지를 선언했다. 이에 노조가 총파업 찬반 투표를 밀어붙인 것이었다. 조합원들이 78퍼센트라는 높은 찬성률로 다시 싸우겠다는 의지를 피력하자 회사는 노사 협상을 통해 단체협약을 다시 체결했다. 노조로서는 원하던 것을 얻은 셈이다. 총파업 돌입을 앞두고 협상을 해 파업을 철회하기로 결정하자, 예능 피디 후배에게 문자가 날아왔다.

"회사가 이 지경에 이르렀는데 파업도 하지 않는다는 건 노조가 회사에 항복 선언한 것이죠?"

사실은 약간의 욕설이 섞인 문자인데 순화해서 썼다. 벌써 10년 전 일이다. 그 시절에는 격한 항의의 표현이지만, 지금 기준으로는 혐오 표현이라 옮겨 적지는 않는다. 한때 내 조연출로 일했던 후배에게 욕설에 가까운 문자를 받고 당혹스러웠지만 기분이 나쁘지는 않았다.

'짜식, 아직 살아 있네.'

싸워야 할 때, 싸우지 않으면 평화의 시기가 계속될까? 협상으로 파업이 철회되는 걸 본 김재철 사장은 다시 전횡을 휘두르기 시작했다. 이번 집행부는 투쟁 의지가 없다고 생각했나 보다. 결국 총파업까지 물러가며 했던 노사 합의는 물 건너가고, 김재철 사장 치하의 MBC 뉴스는 몰락의 길을 걷는다.

《뉴스 후》 등 시사 프로그램은 폐지됐고 4대강 관련 방송은 사측의 입김으로 취소됐다. 2011년 한미 FTA 반대시위를 취재하러 간 MBC 기자들이 시위 참가자들에게 욕을 먹고 쫓겨나기도 했다. "방송에 나가지도 않을 거 찍으면 뭐하냐?"는 비아냥거림을 들었다. 당시 상황을 겪은 보도국 기자가 회사 게시판에 글을 올렸다. '데스크에서 모르쇠로 일관하는 동안 기자들은 취재현장에서 쫓겨나고 있다'고.

다시 파업의 전운이 감돌았다. 나는 집행부 회의에서 뉴스가 문제라면 기자들이 평소에 보도를 잘하면 되지, 굳이 예능 프로그램까지 세워야 하느냐고 물었다. 이용마가 말했다.

"기자들더러 일상 투쟁을 하라는 말은, 회사를 상대로 개인이 싸우라는 의미입니다. 조직에서 개인은 약자입니다. 사회적 약자를 돌보는 것이 언론의 역할이라면, 공정방송을 요구하는 기자들을 외면하지 않고 함께 싸우는 것이 노조가 존재하는 이유입니다."

어느 순간 깨달았다. 이번 싸움은 막을 수 없겠구나. 2012년 설날은 1월 23일이었다. 당시 회사 일로 파견 근무 중이던 아내는 딸들과 함께 싱가포르에 살고 있었다. 나는 설 연휴를 맞아 가족을 만나러 싱가포르에 갔다. 보도국 상황이 심상치 않게 돌아가고 있었지만, 내가 할 수 있는 일은 없었다. 그렇다고 전면전을 준비하고 싶지도 않았다. 노조 부위원장이 총파업 투표 중에 가족 여행을 핑계로 해외 도피를 한 셈이다. 그만큼 나는 파업을 하기 싫었다. 내가 싱가포르에 도망간 사이, 총파업 투표는 투표율 83.4퍼센트, 찬성율 69.4퍼센트로 가결됐다. 이제 싸움은 돌이킬 수 없는 강을 건넜다.

"질기고, 독하고, 당당하게, 투쟁!"

위원장의 외침과 함께 2012년 MBC 170일 파업의 막이 올랐다.

[우리의 일이 놀이가 되려면]
노동자가 행복한 나라

- 《우리가 몰랐던 노동 이야기》

우리는 모두 자본가나 건물주를 꿈꾸지만 대부분 노
동자로 평생을 산다. 부자나 건물주 한 사람이 행복
하기보다는 모든 노동자가 행복한 세상이 진짜 좋은
세상 아닌가? 노동자가 행복한 세상을 위해서는 노동
운동 공부도 하고, 인권도 알아야 한다. 최규석 작가
의 만화《송곳》에 나온 노동운동가 고구신의 실제 모
델로 알려진 하종강 선생이 쓴 책이 있다. 우리는 왜
노동운동을 하는가에 대한 책,《우리가 몰랐던 노동
이야기》다.

노동자 개인의 노력으로 해결할 수 없는 문제들을 노사 관계 구조를 개선함으로써 해결하는 것이 바로 노동운동입니다. 한국 노동법의 내용이 잘못돼 있거나 어느 회사의 인사관리규정이 불합리하게 돼 있다면 노동자가 아무리 성실하게 직장 생활을 해도 행복해지기 어렵습니다. 그런 문제들은 노동조합의 조직력을 바탕으로 새로운 단체협약을 체결한다든가 집단적 노력을 통해 국회에서 법을 개정한다든가 하는 방법으로, 곧 노사 관계의 구조를 개선함으로써 해결할 수밖에 없습니다. 사회 문제를 구조적 관점에서 봐야 노동운동의 정당성을 이해할 수 있습니다.

노동조합은 노동자들의 임금을 인상시킬 수 있고 고용도 보장해줄 수 있는 좋은 조직입니다.

– 하종강, 《우리가 몰랐던 노동 이야기》, 나무야, 38쪽.

노조하기 좋은 회사가 진짜 좋은 회사고, 노동자가 행복한 나라가 진짜 좋은 나라다. 핀란드 보건복지부 차관이 한국을 방문했을 때, 기자들이 질문했다.

"핀란드가 정보통신산업, 학업성취도평가, 사회안

전망, 안정적 경제성장, 국가경쟁력 등 여러 분야에 세
계 최고를 기록하고 있는데 그 비결이 무엇입니까?"

"높은 노동조합 조직률과 강력한 노동조합 때문이
죠. 저도 조합원입니다."

드라마 피디인 내가 노조의 조합원이라고 하면 놀
라는 사람이 꽤 있는데, 유럽에서는 심지어 한 나라
의 차관도 공무원 노조에 가입한다. 임금을 받고 국
가에 고용된 노동자인 것이다. 예전에 내가 노조 부
위원장이 된 걸 마뜩잖게 생각하던 드라마국 동료가
그랬다.

"형, 우리가 노동자인가요? 우리는 예술가잖아요."

"우리가 노동자지, 그럼 자본가냐?"

캐스팅이나 스태프 선택권을 가진 드라마 감독은
자신이 고용주라고 착각하고 산다. 하지만 임금을 받
고 일하는 우리 모두는 노동자다. 건물주로 사는 건,
자영업자의 수익을 임대료란 이름으로 가져가는 것이
고, 자본가로 사는 건 타인의 노동을 통해 이익을 창
출하는 일이다. 나는 마음 편한 노동자로 평생을 행
복하게 살고 싶다. 내가 하는 노동(창작 노동, 집필 노

동, 가사 노동)을 통해 주위 사람들에게 조금이라도 도움이 되게끔 살고 싶다. 지금 한국 사회에서 많은 사람을 힘들게 하는 문제가 무엇일까? 바로 교육 문제다. 하종강 선생은 교육 문제가 노동 문제와 연결되어 있다고 말한다.

청소년들이 '시험 지옥'이라고 불리는 입시 경쟁에 시달리지 않는 나라, 굳이 대학에 진학하지 않아도 모두 인간답고 행복하게 살 수 있는 나라, 그런 나라들이 실제로 있을까요? 당연히 있습니다.

독일에 살던 어느 한국인이 실제로 겪은 일입니다. 어느 날 자녀의 취학통지서를 받았는데 "귀댁의 자녀가 입학 전에 글자를 깨우치면 교육 과정에서 불이익을 받을 수 있고 다른 학생들에게 불이익을 끼칠 수 있습니다"라는 주의사항이 표기되어 있더라는 것입니다. 그 부모는 자녀가 아무것도 모른 채 학교에 가게 할 수는 없어서 간단한 산수과 독일어 알파벳만 가르쳐서 보냈더니, 며칠 뒤 담임 선생님이 전화를 하셔서는 "왜 그렇게 비겁한 일을 하셨느냐? 당신 자녀만 100미터

달리기를 다른 학생들보다 50미터 앞에서 뛰게 하고
싶었느냐? 그 학생이 평생 그렇게 비겁한 경쟁을 하며
살아가는 사람으로 만들고 싶은 것이냐?"고 주의를 주
더라는 것입니다.

- 같은 책. 69쪽.

유럽에서는 선행학습을 금지한다는 내용은《공부
머리 독서법》에도 나온다. 부모의 재력으로 아이들
의 성적에 격차를 벌리는 시도를 비도덕적인 행위라
고 비난한다. 유럽에서는 굳이 사교육으로 격차를 벌
리지 않아도 누구나 먹고살 수 있으니까. 유럽의 교육
제도가 지금처럼 자리 잡은 것은 노동운동 덕분이다.
대부분 직종의 노동자들이 정당한 임금을 받을 수
있기에 대기업과 중소기업, 고학력과 저학력, 정규직
과 비정규직에 따른 임금 차별이 거의 없다.

한국은 OECD 가입국 중에서 저임금과 비정규직
노동자 비율이 가장 높은 나라다. 더 좋은 대학에 가
려고, 더 좋은 직장에 가려고 치열하게 경쟁한다. 저
임금이 해소되고, 정규직과 비정규직의 차별이 없어지

면 과도한 입시 경쟁도 사라진다. 노동 문제가 해결되지 않으면 교육 문제는 절대 해결되지 않는다.

영화 〈엑시트〉를 재미있게 봤다. 도시에 맹독성 화학물질이 살포된다. 살기 위해서는 스멀스멀 올라오는 유독가스를 피해 높은 곳으로 올라야 한다. 주인공들이 기를 쓰고 높은 곳으로 오른다. 이 영화는 한국 사회에 대한 우화다. 빈곤이라는 저지대에 갇히면 안 된다는 공포. 어떻게든 계층 상승의 사다리를 타고 올라야 한다는 압박. 그런데 건물 벽을 타고 오르는 건 산악부 회원만 가능하다. 다 같이 사는 방법은, 아래에 퍼진 독가스를 제거하는 것이다.

뒤처지면 죽는다는 공포가 삶을 지옥으로 만들고 있다. 가상의 화학가스보다, 우리 마음속 공포가 더 무섭다. 노동에 대한 부정적인 인식, 저소득층에 대한 무의식적인 차별이 우리에게 공포를 심어주는 게 아닐까? 모든 노동자가 행복한 세상이 온다면, 기를 쓰고 죽어라 담벼락을 기어오를 필요가 없지 않을까?

2부

비겁하게
건사하느니
멋지게
진다

싸워야 할 때 달아나지 않는 것이
인생에 대한 예의다.
결과는 누구도 알 수 없다.
때로는 처참하게 질 수도 있다.
그것 역시 받아들이겠다는 자세로 살면,
도전하지 못할 이유가 없다.

언론인이냐 용역 깡패냐, 인생은 선택이다

가족 휴가를 떠났다가 1월 30일 월요일 아침에 공항에 도착한 그날 아침, 회사 로비에서 파업 출정식이 열렸다. 개인적으로 원치 않던 파업이지만, 시작하고 보니 내가 집회 프로그램의 총연출이었다. 피디 출신 편제부문 부위원장이 늘 맡는 일이 었다. 당황스러웠다. 파업 집회에 가본 적도 별로 없는데, 집회 프로그램을 만들라니. 조합원 시절에 파업 집회에 몇 번 갔는 데, 구호를 외칠 때 팔뚝질이 어색하고 잘 모르는 민중가요를 웅얼웅얼 따라 부르는 게 힘들었다. 집회 프로그램에서 재미 없다고 생각했던 요식행사는 싹 다 뺐다. 민중가요 제창을 없 애고 외부 인사 연대사도 줄였다. 1980년대 민주화 운동하던 양반들이 와서 군부독재 시대에 어떻게 싸웠는지 이야기하는 건 흥미 없었다. 대신 강연을 재미나게 하는 저자를 불렀다. 파업 집회에 섭외된 강신주 철학자는 오자마자 대뜸 물었다.

"여러분은 언론인이 될 거예요, 용역 깡패가 될 거예요?"

학교 교사 대상 강연에서 던지는 질문이란다.

"유괴범이 될 거예요? 참스승이 될 거예요?"

유괴범과 스승을 가르는 기준은 간단하다. 아이를 인질로 부모에게 돈을 받으면 유괴범이고, 아이를 가르치는 일이 좋아서 열심히 했는데 나라에서 돈까지 주면 참스승이 된다. 아이들보다 돈을 더 좋아하면 유괴범이 되기 십상이다.

방송사 직원도 마찬가지다. '돈을 벌려고 입사했느냐, 하고 싶은 일을 하려고 입사했느냐'로 인생은 갈린다. 돈을 벌기 위해 입사한 사람은 윗사람 눈치를 살핀다. 잘리지 않아야 하니까. 높은 분들 심기에 거슬리는 보도를 하지 말라고 하면 취재를 아예 안 하고, 바른말하는 출연자를 자르라고 하면 바로 자른다. 돈을 벌기 위해서는 양심도 팔 수 있어야 한다.

자, 돈을 벌기 위해 양심을 판 그가 회사 상사의 말만 들을까? 누구든 돈만 주면 다 들어주는 사람이 된다. 돈 받고 갑질 비리 눈감아주고, 돈 받고 배우 캐스팅하고, 돈 받고 뉴스 내준다. 방송사 피디로 입사했다가 비리 사범이 되어 회사를 떠난 선배도 있다. 다 인생의 우선순위를 잘못 정한 탓이다. 돈 받고 힘센 자의 뒤를 봐주고, 돈 받고 약한 자를 괴롭히는 사람은 용역 깡패와 다를 게 없다. 정권의 하수인이 되어 권력의 눈치를 보고 재벌 대기업에 돈 받아 서민들을 속이는 사람, 비리 공범이자 용역 깡패.

돈 한 푼 안 받아도 좋으니, 옳은 일을 하겠다고 마음을 먹어야 좋은 기자가 된다. 월급 받으러 MBC에 다니는 게 아니라 재미난 프로그램 만드는 보람에 다녀야 좋은 피디가 되고. 돈보다 일을 더 사랑하는 사람이 진짜 언론인이고 방송인이다. 결국 인생의 모든 문제는 하나로 귀착된다.

'어떻게 살 것인가?'

인생에서 돈보다 재미가 더 소중하다. 누구나 부러워하는 최고의 언론사에 다니고 싶지, 모두가 정권의 부역자라고 손가락질하는 회사를 다니고 싶지는 않다. 차라리 돈 없이 즐겁게 사는 편을 택하지, 도덕적으로 타락하고 부패한 조직의 일원이 되고 싶지는 않다. 딴따라가 왜 싸움을 선택했냐고? 일하는 용역 깡패로 사느니 싸우는 언론인이 되는 게 조금이나마 숨통이 트였으니까.

세상에서 가장 외로운 자리

드라마를 찍을 때, 세상에서 가장 외로운 자리가 바로 모니터 앞 드라마 감독의 자리가 아닐까? 타 방송사 드라마《추노》에 밟혀서 시청률 고전을 면치 못하던 2010년 겨울, 사흘 연속 밤샘 촬영을 이어가던 어느 날 일이다. 거리 곳곳을 밝히느라 조명 팀이 선을 끌어오고, 장비 팀이 카메라 트랙을 길게 깔고, 얇은 옷을 입은 배우들이 호호 손에 입김을 불어가며 기다리다가 큐사인을 받고 마지막 신 촬영을 시작했다. 내가 "컷!" 외치면 모든 시선이 내게 쏠린다. 짧은 순간, 머릿속에 온갖 고민이 오간다. 이게 과연 최선인가? 애매하다. 한 번 더 갈까? 다시 조명과 카메라 크레인과 세팅해서 찍는데, 이번보다 못 하면 어쩌지? 또 엔지 내고 또 엔지 내고 그러다 팀의 사기만 떨어지고 배우들 활력만 죽이는 게 아닐까? 지금 컷도 나쁘지는 않다. 이대로 오케이를 한다고 누가 뭐라 그럴 사람은 없다. 내가 오케이라고만 하면, 다들 이 추운 거리를 벗어나 따뜻한 집으로 가서 꿀잠을 청할 수 있다. 아, 이럴 때는 누가 나 대신 결정 좀 해줬으면 좋겠다. 정말 외롭다.

드라마 감독이 세상에서 가장 외로운 사람이라고 생각했는데, 노조 위원장처럼 외로운 자리가 또 없더라. 위원장의 결정을 1,000명의 조합원이 따른다. 비오는 날 가두시위를 나가자고 하면 모두가 비를 맞으며 거리에 나서고, 위원장이 단식 농성을 결정하면 너도나도 곡기를 끊는다. 파업이 한 달, 두 달을 넘기고 장기화하면서 위원장의 얼굴에 수심이 드리워졌다. 조합원은 한 사람 한 사람이 다 가정의 생계를 책임지는 가장들이다. 개중에는 하우스 푸어라 매달 꼬박꼬박 갚아야 할 대출금과 이자가 있기도 하고, 또 누군가는 부모 생활비까지 책임지고 있기도 한다. 카드빚으로 생활비를 충당한다는 이야기가 농 삼아 나오고, MBC 인근 은행지점이 조합원들의 대출로 때 아닌 대목을 맞았다는 말도 들렸다. 그런 말이 나오면 위원장의 눈치를 살폈다. 집회 석상에서는 끝장 투쟁을 외치지만, 조합 사무실에서 밤늦도록 회의를 마치고 돌아설 때, 정영하 위원장의 커다란 등이 참 쓸쓸해 보였다.

'아, 위원장은 지금 드라마 감독 이상으로 외롭겠구나.'

그래서 결심했다. 정영하 위원장의 종이 되기로.

정영하 위원장이 회의석상에서 결정을 내리면 매번 "탁월하신 결정입니다!" 하고 박수를 쳤다. 영혼을 담아, 진심 어린 탄성을 질렀다. "참으로 놀라운 묘수이옵니다!", "역시 위원장님다운 뛰어난 통찰력입니다", "귀신도 울고 갈 계책이옵니다." 사극에서 주워들은 온갖 간신배들의 화법을 써먹었다. 하도 그랬더니 누가 나더러 '김민종'이라고 부르더라. 정영하 선배의 충실한 '종'이란 뜻인지, 위원장이 무슨 말만 하면 딸랑딸랑 맞장구를 친 덕분인지 분명치는 않지만 하여튼 집행부 내에서 내 별명이 김민'종'이었다.

아무리 딸랑거려도 나는 정영하 선배에게 진 빚을 다 갚을 수 없다. 내가 《뉴 논스톱》 연출로 데뷔하던 2000년 당시, 정영하 선배는 더빙실에서 음향 효과 믹싱과 웃음 더빙을 담당했다. 정영하 선배는 소리를 만지는 능력도 탁월하지만 무엇보다 후배 연출도 편안하게 배려해주기에 모든 연출들이 함께 일하고 싶은 사람 1순위였다.

매주 다섯 편씩 일일 시트콤을 만드는 과정에서 가장 긴장된 순간은 방청객을 모아놓고 웃음 더빙을 할 때다. '재미없으면 어쩌지?' 숙제검사를 받는 피디만큼 외로운 이가 또 있을까? 《뉴 논스톱》의 경우, 초반 시청률이 저조해 특히 마음고생이 심했다. 그때 더빙실에서 내 등을 지켜준 이가 정영하 선배였다.

"민식 씨, 너무 걱정하지 마. 저 양동근이라는 친구 코미디, 재미있어. '딱 걸렸어. 한턱 쏴!' 저거 다음 주에도 또 시켜봐. 밀면 유행어가 될 것 같아. 그리고 조인성인가? 그 신인도 괜찮은 것 같아. 우리 아내도 잘생겼다고 좋아해. 조금 있으면 재미있다는 반응이 올 테니까 현장에서 배우들 힘 빠지지 않게 잘해줘. 민식 씨 특기가 현장 분위기 띄우는 거잖아?"

훗날 노조 전임이 된 그가 현업에서 빠졌을 때 아쉬워하는 피디들이 많았다.

"사람 좋은 양반이 거절할 줄 모르는 성격 때문에 괜히 노조에 발이 묶였어."

2011년 봄, 그가 MBC 노조 위원장직을 떠맡았을 때, 내게 편제부문 부위원장직을 맡아달라 했다. 빚 갚는 심정으로 정영하 선배의 뜻을 받들었다.

파업하며 집행부로서 가장 힘든 점은 투쟁 수위를 조정하는 일이다. 보도국이나 교양국은 김재철 체제에서 받은 탄압으로 열기가 뜨거웠지만, 내가 속했던 드라마국이나 예능국은 상대적으로 싸움에 미온적이었다. 이럴 때 누구 입장에서 싸울 것인가? 박성호 기자회장의 해고가 결정된 날, 우리는 모여서 긴 회의를 했다.

'계속 1층 로비를 지킬 것인가, 분노한 보도국 조합원들을 이끌고 10층 사장실로 올라갈 것인가?'

그때 정영하 선배가 한 말이 있다.

"박성호 앵커는 MBC 보도국 사람들이라면 선후배와 좌우를 막론하고 누구나 좋아하고 아끼는 사람입니다. 그런 이가 해고를 당했으니 기자들이 느끼는 좌절과 분노가 클 것입니다. 누군가 고통에 울부짖을 때 남은 이들이 그 아픔을 외면한다면, 공동체가 무슨 의미가 있겠습니까. 노조는 가장 억울하고 아픈 사람의 입장에서 싸우는 곳입니다."

박성제 기자가 쓴 《어쩌다 보니, 그러다 보니》라는 책을 보면, 김재철 사장이 사장 자리를 구걸하느라 정치권에 줄 대고, 청와대 불려가서 이른바 조인트 까이는 대목이 나온다. 당시 MBC 사장은 후배를 자르기까지 하며 지키는 자리였고, 노조 위원장은 누구도 하려 들지 않아 다른 이의 부탁을 거절하지 못하는 착하고 책임감 투철한 선배가 가는 자리였다.

나는 대단한 사람도 아니고, 또 어려운 중책을 맡을 그릇도 못 된다. 나는 그냥 딴따라다. 딴따라가 나서서 싸우지는 못해도, 잘하는 게 하나 있다. 바로 다른 사람이 싸울 때, 응원하는 것이다.

"잘한다! 잘한다! 우리 편, 이겨라!"

그렇게 딴따라는 위원장의 충실한 종이 됐다.

"위원장님, 만세! 딸랑딸랑~."

사장님, 어금니 꽉 깨무세요!

2012년 MBC 파업은 유난히 길었다. 170일 동안 파업했다. 입사 10년차, 20년차 선배야 예전에 좋았던 시절을 기억하니까 MBC의 영광을 되살리기 위해 싸운다지만 입사 2, 3년차 젊은 사원이 파업에 동참한 이유는 무엇일까? 김재철 사장이 한 일 가운데 젊은 사원들에게 분노를 산 것은 인사고과 최하등급 강제할당이었다.

김재철 사장은 조직을 길들이기 위해 상대평가와 함께 최하등급 강제할당제를 도입했다. 이는 어느 부서든 구성원의 5퍼센트는 인사고과에서 최하등급을 주는 제도다. 부서마다 혼란이 일어났다. 갑자기 상대평가에 강제할당이라니 누구에게 최하등급을 줘야 하나? 피디나 기자는 일의 특성상 결과가 수천

만 시청자에게 드러난다. 매일 시청률이라는 평가를 받아드는 사람들이다. 건성으로 일할 수 없는 직종이다.

결국 어느 제작 부서에서 신입사원들에게 최하등급을 몰아줬다. 고참 연출들 대신 막내 조연출들이 최하등급을 받았다. 낮은 시청률로 책임을 져야 할 사람이 있다면 프로그램을 끌고 가는 고참 연출이지 신참 조연출이 아닌데 말이다. 신입 조연출이 일을 못 했다면 그것은 조직이 일을 잘못 가르친 탓이지, 본인 잘못이 아니다.

"너희들은 승진하려면 아직 멀었으니까 굳이 좋은 고과 받을 필요 없잖아?", "너희는 싱글이라 가족 부양의 부담이 적잖아?"

학교에서는 성적으로 상위 5퍼센트 안에 들었는데, MBC에 입사하자 막내라는 이유로 하위 5퍼센트의 낙인을 찍었다. 공정하지 않은 처사에 어린 후배들이 분노했다.

김태호 피디는 연출 1년차 막내 시절에 《무한도전》을 맡았다. 제일 어린 후배에게 토요일 저녁 메인 프로그램을 맡긴 것이다. 앞서 《뉴 논스톱》이 내 연출 데뷔작이라고 밝혔다. 피디 1년차에 매일 저녁 7시, MBC 저녁 편성의 문을 여는 일일 시트콤을 맡았다. 《뉴 논스톱》은 초반 여섯 달 동안 평균 시청률이 7퍼센트 대였지만, 회사에서 믿고 기다려준 덕에 후반에는 시청률 20퍼센트를 넘겼다. 《무한도전》이 성공해서 10년째 롱런했던 이유도 마찬가지다. 《무한도전》 전신인 《무모한 도전》

시절, 초반 여섯 달 동안 부진했음에도 회사가 실패를 용인하고 기다려주었기 때문이다. 드라마 《선덕여왕》이나 《해를 품은 달》 같은 히트작을 만든 감독들도 데뷔작부터 성공한 게 아니다. 믿고 기회를 계속 주었기 때문에 결국 대박을 낼 수 있었다.

《철학은 어떻게 삶의 무기가 되는가》에는 사회 심리학자 에드워드 데시의 창의성 연구가 소개된다.

> 사람이 창조성을 발휘하여 리스크를 무릅쓰고 나아가는 데는 당근도 채찍도 효과가 없다. 다만 자유로운 도전이 허용되는 풍토가 필요하다. 그러한 풍토 속에서 사람이 주저 없이 리스크를 무릅쓰는 것은 당근을 원해서도 채찍이 두려워서도 아니다. 그저 단순히 자신이 그렇게 하기를 원하기 때문이다.
>
> – 야마구치 슈, 김윤경 옮김, 《철학은 어떻게 삶의 무기가 되는가》, 다산초당, 69쪽.

실패하는 사람도 보듬고 보살필 줄 알아야 조직의 경쟁력이 살아난다. 막내들에게 도전과 창작의 기회를 주는 것이 기존의 MBC였다. 김재철 치하에서는 막내들에게 기회 대신 최하등급의 트라우마를 안겼다. 왜? 인사고과 매기는 상사의 말을 잘 듣는 사람을 만들려고.

2012년 1월 31일 파업 집회(위)와 같은 해 5월 8일 파업 100일 집회(아래)
1월 집회에서 함박눈이 내리는 바람에 파카를 입고 구호를 외치며 단체 사진을 찍었다.
한여름에도 싸움은 끝나지 않았다. 이번에는 반팔을 입고 똑같은 구도로 다시 찍었다.
170일의 기나긴 싸움 동안 파업 대오는 흐트러지지 않았다.

MBC가 콘텐츠 강국으로 수십 년을 이어온 이유 가운데 하나는 피디들의 자율성을 보호하고 실패를 용인하는 조직문화 덕분인데, 그 배경에는 전 조합원이 철통같이 지켜온 노동조합이 있다. 더 행복한 직장을 바란다면, 성공에 대한 보상보다 실패를 용인해주는 문화가 필요하다. 성공은 그 자체로 보상이다. 일을 즐기는 사람은 돈을 더 주지 않아도 일의 보람과 주위의 인정만으로 버틸 수 있다. 성과가 나지 않아 불안한 이들에게 경제적 안정성이 더 필요하다. 조직 내 약자를 보호하는 제도는 노조가 있어야 가능하다.

노조 없는 회사에서 나 혼자 성공하기를 바라지 않는다. 실패를 용인하고 재도전할 수 있는 조직문화 아래에서 성장할 수 있기를 바랄 뿐이다. 그게 더 행복한 일터라고 나는 믿는다. 딴따라로서 즐겁게 일하기 위해 나는 노조와 함께 싸운다. 2012년 파업 초반, 인터넷 신문 《오마이뉴스》에 당시의 심경을 솔직히 담은 글을 기고했다.

MBC 노조 파업 집회에서 구호를 외치는 내 모습이 신문에라도 나오면 친구들이 전화해서 호들갑을 떤다.
"야? 너 같은 날라리 딴따라가 무슨 데모냐?", "너 생각 없이 사는 게 아니었어?"
친구들의 반응, 놀랄 일은 아니다.

고백하자면 나는 1980년대 후반에 대학을 다녔지만, 운동권은 아니었다. 친구들이 반미 구호를 외칠 때 나는 숨어서 영어 공부했고, 다들 심각하게 독재 타도 대자보를 쓸 때 나는 킬킬대며 만화를 봤다. 심지어 친구들이 시위현장에서 전경들과 몸싸움하고 있을 때, 나는 나이트클럽에서 스텝을 밟고 있었다. 나는 그냥 딴따라가 체질이었다.

딴따라 적성을 살려 1996년에 MBC 예능국에 피디로 입사했다. 입사하고도 노조의 파업 투쟁은 나 몰라라 하고 살았다. 선봉에 서본 건 음악 프로그램 무대 위에 올라가 가수들과 춤출 때뿐이고, 구호를 목청껏 외쳐본 건 《일요일 일요일 밤에》 게릴라 콘서트'를 길거리에서 홍보할 때뿐이었다. 선배들이 내가 철없다고 걱정하면 "파업하는 것보다 방송 만들어서 시청자들을 재미나게 해주는 게 최고의 공익 아닌가요?"라고 반문했을 정도다.

그런 내가 집행부로부터 노조 부위원장 일을 맡지 않겠느냐는 제안을 받았다. 황당했다. 오죽 지원자가 없으면 나 같은 날라리한테까지 차례가 왔을까, 안타까웠다. 하지만 고민 끝에 제의를 받아들였다. MBC 피디로 15년을 살며 아주 즐거웠다. 그동안 내가 만들고 싶은 건, 시트콤이든 버라이어티 쇼든 드라마든 무엇이든 다 만들어봤다. MBC는 최고의 조직문화를 가진 회사다. 누구에게나 기회는 균등하게 주어지며, 누구나 자신이 원하는 프로그램을 만들 수 있다. 실패해도 선배가 어깨 툭툭 두들기며, "괜찮아, 다음에 잘하면 되지, 뭐"라고 한다. 실패에서 배워 다시 도전할 기회가 주어진다.

제작 자율성이 보장되는 조직문화 덕분에 MBC는 숱한 특종을 내고, 인기 프로그램을 양산했다. 그 덕분에 국민들에게 사랑받고 신뢰받는 방송이 될 수 있었다. 연출로서 나의 행복의 근원이기도 했던 제작 자율성은 사실 과거 MBC 노조 선배들이 군부독재와 피 흘리며 싸워 얻어낸 공정방송의 결실이다. 군부독재 시대가 막을 내리면서 언론 민주화 운동도 마무리가 됐으니 난 그냥 즐겁게 딴따라 피디로 평생 살면 되겠다고 생각했다. 그것이 나의 크나큰 착각이었음을 일깨워준 것이 이명박 정권과 김재철 사장이다.

이제 와 김재철 사장에게 감사하고 싶은 점이 있다면, 행복했던 나의 15년 세월이 공짜로 얻어진 게 아니었다는 점을 뼈저리게 깨우쳐준 점이다. 《PD수첩》은 강한 자들에게 두려움을 안겨주고, 약한 이들에게 사랑받는 MBC 대표 프로그램이다. 《PD수첩》의 핵심 인력을 탄압한 결과, MBC는 이제 강한 자들에게 멸시받고, 약한 이들에게 외면받게 됐다. 다 사장님 덕분이다.

부족한 나를 피디로 뽑아준 회사에 감사하며, 이런 좋은 직장에 들어온 천운에 감사하며 15년을 살았다. 내가 누린 행운, 회사에서 누린 고마움을 갚을 수 있는 기회를 얻어 다행이다. 4년 만에 다섯 번째 파업이다. 이번에는 기필코 이겨야겠다.

"사장님, 어금니 꽉 깨무세요! 내가 싸우는 방식을 보고 웃음이 터져도 책임 못 집니다."

나는 딴따라 코미디 피디다. 유쾌하고 즐겁게 싸울 것이다. 방송이 아니라, 파업으로, 국민에게 꿈과 희망, 그리고 웃음을 줄 것이다.

- 김민식, 〈결국 '딴따라 PD'까지 싸우게 만드시네요. 김재철 MBC 사장님, 어금니 꽉 깨무세요!〉, 《오마이뉴스》, 2012.02.06.

회사 복도에서 벌인 신명 나는 굿 한판

파업은 전쟁이다. 이 전쟁에서 노조 위원장은 총사령관이다. 홍보국장은 작전참모다. 그렇다면 부위원장은? 병력 동원을 책임지는 소대장이다. 언론노조 MBC본부에는 다섯 개 부문이 있다. 보도·편제·경영·기술·영상. 각 부문의 부위원장이 파업 집회 때마다 인력을 동원한다. 이전에 나는 파업만 하면 '방송이 죽었으니 간만에 부족한 잠을 보충해야겠구나!' 하고 농땡이 치던 날라리 조합원이었다. 그런 내가 완장을 찼다고 갑자기 전화를 돌리고 집회 참여를 독려하는 게 쉽지 않았다. 다른 사람더러 열심히 하라고 채근할 수 없을 때 할 수 있는 일은 그냥 내가 더 열심히 하는 것이었다. 파업이 시작되고 그동안 농땡이 치고 놀았으니 이제는 빚을 갚는다는 심정으로 열심히 집회에 참석하고 프로그램을 짰다. 그 프로그램들 가운데 하나가 굿이었다.

해직 언론인을 대거 양산한(?) 2012년 MBC 파업 때, 최초 해고자는 박성호 기자회장이었다. 뉴스 앵커 자리를 내놓고 공정방송을 요구하며 기자들의 제작 거부를 이끌다가 해고됐다. 온건한 합리주의자라는 평가를 받으며 동료들 사이에 신망이 두터웠던 박성호 기자의 해고는 많은 보도부문 조합원들의 분노를 불러왔다. 나는 고민에 빠졌다. 파업 한 달이 지나도록 해고를 사주한 김재철 사장은 회사에 나타나지 않고 도망 다니고 있었다. 분풀이할 대상이 없을 때, 해고에 격분한 조합원들의 분노를 어떻게 가라앉힐 것인가. 그때 떠올린 아이디어가 액땜 굿이었다.

어린 시절, 경주에서 자란 나는 무당굿을 몇 차례 봤다. 돌림병이나 횡액 같은 흉사가 있으면 마을에서는 그 모든 걸 눈에 보이지 않는 귀신 탓으로 돌려, 귀신을 쫓고 복운을 부르는 한판 굿을 벌였다. 굿은 마을 사람들의 정신 건강에 이롭고, 그렇게 편안해진 마음이 스트레스 억제와 면역력 강화로 이어져 미래의 질병이나 사고를 예방할 수 있었다. 선현의 지혜를 오늘에 되살려 굿을 벌이기로 했다.

격앙된 기자들이 '해직 기자 살려내라'며 보도국 사무실에 몰려갔다가 자리를 지키는 애면 동료들과 충돌이라도 벌어지면

모두가 웃으며 즐기는 싸움의 현장

즐겁게 일하기 위해, 시청자들에게 웃음을 주기 위해 나는 동료들과 함께 맞섰다. "사장님, 어금니 꽉 깨무세요! 내가 싸우는 방식을 보고 웃음이 터져도 책임 못 집니다!"

안 될 일이다. 파업이 끝나고 MBC가 정상화되면 뉴스 경쟁력 제고를 위해 제작 현장에서 다시 어깨 걸고 일해야 할 동료들이다. 분노한 조합원들이 보도국 사무실로 달려갈 때 내가 앞장섰다. 나야 딴따라 코미디 피디이니 보도국 선배들에게 욕 좀 먹으면 어떤가. 시위 현장에서는 돌도 던지고 화염병도 던지지만 난 그냥 소금만 뿌렸다. 분노의 화살을 귀신에게 돌린 것이다. 이건 사람 탓이 아니다. 귀신 탓이다.

'밥줄 끊는 해고 귀신 물러가라. 편파 보도 자행하는 왜곡 귀신 물러가라.'

며칠 후, 사내에서 굿판을 벌였다는 이유로 인사위원회(이하 인사위)에 회부됐다. 조합원들의 분노를 웃음과 풍자로 승화시켜 폭력적인 충돌을 막아내려고 했던 나의 연출 의도를 몰라줘서 서운했다. 하지만 피디란 작품이 성공하면 모든 공을 작가와 배우와 제작진에게 돌리고, 망하면 모든 책임을 혼자 오롯이 짊어지는 사람이다. 재미있다고 생각해서 만든 드라마가 시청자들에게 외면을 받았다면 문제는 연출력 부족 탓이지, 시청자의 이해력 부족 때문이 아니다. 연출력 부족도 죄니까, 벌도 달게 받아야지.

즐겁고, 독특하고, 당돌하게 싸운다
- 〈MBC 프리덤〉 제작기

기획

파업이 장기화되자 정영화 위원장이 어느 날 회의를 소집했다. 거리 홍보전만 계속하면 조합원들이 지치기 쉬우니 재미난 영상을 만들어 소셜미디어에 올리자고 했다. 그때 문득 대학생들이 만든 영상 하나가 떠올랐다. 2011년 서울대학교 법인화에 반대한 학생들이 총장실 점거 농성을 했다. 당시 그들은 싸움을 알리기 위해 〈총장실 프리덤〉이라는 뮤직비디오를 찍었다. 그 영상을 보고 싸움의 방식이 바뀌었다는 걸 깨달았다. 내가 대학을 다니던 1980년대 후반에는 학내 점거 농성이라 하면 화염병 만들고, 각목 들고 전경과 대치하면서 살벌하게 싸웠는데, 요즘은 노래하고 춤추고 뮤직비디오를 만들면서 발랄하게 싸우는구나!

그때 한국 대학 최초 립덥(LipDub. 립싱크lipsync와 더빙du-bbing의 합성어) 비디오라는 성공회대학교 홍보영상을 봤다. 〈붉은 노을〉 노래에 맞춰 성공회대학교 신문방송학과 학생 70여 명이 함께 춤추며 학교 곳곳을 소개하는 뮤직비디오였다. 〈총장실 프리덤〉에 립덥의 콘셉트를 더해 만든 게 〈MBC 프리덤〉이다.

제작 회의

촬영에 앞서 연출이 가장 먼저 해야 할 일은 기획 의도 공유다. 이 영상을 만들고 싶은 이유를 출연진과 스태프도 이해하도록 공유해야 한다. 파업 홍보 동영상의 기획 의도는 무엇일까? 2012년 MBC 노조 집행부의 구호는 "질기고 독하고 당당하게!"였다. 나는 모든 조합원들이 매일 외치던 구호를 패러디해서 파업 프로그램 기획 의도를 만들었다.

"즐겁고 독특하고 당돌하게!"

전 조합원이 '즐겁게' 노는 모습을 보여주자. MBC의 파업은 '독특하다'는 걸 보여주자. 막내 조합원도 '당돌하게' 자신의 주장을 펼치게 하자. 누구나 쉽게 이해할 수 있는 목표를 세우고 조합원들과 공유했다. 연출은 모두가 동의할 만한 목표를 세우고, 모든 사람의 협력을 끌어내는 사람이니까.

장르 연구

연출이 다음으로 해야 할 일은 찍어야 할 영상의 장르를 공부하는 것이다. 내가 찍을 장르의 특성이 무엇인지, 기존에 잘 만든 영상에는 어떤 요소가 있는지 연구해야 한다. 그런 점에서 유튜브 시대에 연출 공부는 참 쉽다. 인터넷에 검색하면 온갖 영상물이 다 뜨니까.

립덥 뮤직비디오를 찍겠다고 하니, 사람들이 "그게 뭐예요?" 하고 물었다. 예전 같으면 일일이 설명하느라 힘들었겠지만, 요즘은 그냥 유튜브에서 영상을 보여주면 된다. 머릿속의 콘티를 스토리보드로 그려가며 설명하던 시절도 있었는데, 유튜브 덕에 세상 편해졌다.

립덥 가운데 가장 스케일이 큰 작품은 〈그랜드래피즈 립덥 The Grand Rapids LipDub Video〉이다. 그랜드래피즈는 미국 미시간 주의 도시다. 어느 날 "죽어가는 도시"라고 언급된 《뉴스위크》 기사에 발끈한 시민들이 뭉쳤다. 5,000명의 시민과 합주대, 퍼레이드, 결혼식 하객, 소방차와 헬기까지 동원해 대형 뮤직비디오를 찍는다. 〈그랜드래피즈 립덥〉을 본 MBC 동료들의 반응은 뜨거웠다.

'우리도 저렇게 유쾌한 추억을 남기고 싶다!'

스태프 구성

본격적인 촬영준비는 스태프 구성으로 시작된다. 스태프를 잘 뽑으면 연출은 할 일이 없다. 각 분야의 최고 전문가를 모으는 게 중요하다. 립덥 뮤직비디오를 보여주자 실력 있는 카메라 감독은 이렇게 나온다.

"립덥이란 게 원 신, 원 테이크네요? 그럼 롱 테이크 하기 좋은 스테디 캠을 준비할게요."

기술팀도 거든다.

"노래를 틀어놓고 립싱크를 해야 하니까 이동식 스피커가 필요하겠군요."

이제 연출은 스태프와 출연진의 말을 듣고 빠진 게 없나 체크만 하면 된다. 흔히 감독을 다 지시하는 사람이라고 생각하는데, 절대 그렇지 않다. 일일이 지시하면 각 분야의 전문가들이 할 일이 없어지고, 자발적으로 일하는 재미가 사라진다. 필요한 장비가 무엇인지 전문가가 스스로 판단하게 한다. 나는 카메라 장비가 어떤 게 있는지 잘 모른다. 농구 만화 《슬램덩크》에 보면 "왼손은 거들 뿐"이라는 대사가 나오는데, 촬영 준비에서 연출의 역할이 그렇다. 단지 거들 뿐이다. 절대 명령하거나 지시하지 않는다.

캐스팅

다음으로 출연자 캐스팅. 출연자의 조건은 하나다. 연출이 생각하는 기획 의도에 동의해주는 사람들, 즉 나와 뜻을 함께하는 사람들이면 된다. 〈MBC 프리덤〉은 파업 홍보 뮤직비디오니까 당연히 전 조합원이 출연한다. 파업에 참가한 수백 명의 조합원을 다 모아놓고 연습시키고 촬영하는 건 쉽지 않다. 드라마를 찍을 때, 제일 어려운 게 수백 명을 동원해서 결혼식 장면이나 콘서트 장면을 찍는 일이다. 대규모 군중 신 찍는 노하우, 간단하다. 주연 몇 명에게 집중한다. 대규모 군중의 역할은 박수나 환호 등 간단한 동작으로 국한시킨다.

럽덥 뮤직비디오의 주인공은 누구로 할까? MBC 노조에는 역사와 전통을 자랑하는 막강 노래패 '노래사랑'이 있다. 손석희 아나운서가 원년 멤버로서 오랜 전통을 자랑하는 동아리다. 항상 파업 때마다 선봉에 서서 문화 행사를 이끄는 이들이다. '노래사랑'을 뮤직비디오 주인공으로 낙점했다.

음악 선곡 및 개사

캐스팅이 끝나면 음악 선곡에 들어간다. 노래사랑에 선곡을 일임했더니 〈총장실 프리덤〉에 영감을 준 UV의 〈이태원 프리덤〉을 골라왔다. MBC 파업의 목적은 언론 자유니까, 다같이 "MBC 프리덤"을 외쳐도 좋겠지. 젊은 노래패 조합원들이 머리를 맞대고 개사까지 해왔다.

장소헌팅

촬영 전날 카메라맨과 일산 MBC 드림센터 사옥에서 장소 헌팅을 했다. 녹음된 음악을 재생하면서 동선을 걸어본다. 어디에서 시작해 어디까지 가느냐. 립덥은 원 테이크 촬영이니까 여러 문을 지나 새로운 장소가 계속 나오는 동선이 좋다. 원래 촬영 계획은 당시 방송 중이던 시트콤 《하이킥! 짧은 다리의 역습》 세트장에서 시작하는 것이었다. 세트장에 사람들이 시체처럼 널브러져 있다가 한 명이 벌떡 일어나며 "Hey, Where is 공정방송?"이라 외치고 〈이태원 프리덤〉 뮤직비디오를 패러디하려 했다. 하지만 막상 촬영 당일 날 《하이킥! 짧은 다리의 역습》 녹화가 있어 이 콘티는 쓰지 못했다. 그래서 플랜 B로 세트장 앞 복도를 누비며 노래하는 걸로 바꿨다.

연출은 항상 대안이 있어야 한다. 머릿속에 구상된 한 가지 콘티에만 집착하면 번번이 좌절하기 쉽다. 물론 무조건 타협하고 포기하는 것도 능사는 아니다. 파업 홍보 콘텐츠 작업을 할 때 최고의 자세는 즐기는 것이다. 연출이 쓸데없는 고집을 부리는 바람에 고생하면 일에 흥이 나지 않는다. 즐기기 위해서는 연출의 유연한 자세가 필요하다. 현장에서 돌발 변수가 생길 때마다 원안만 고집하기보다 차선과 빠르게 타협하는 것, 그것이 즐겁게 일하는 비결이다.

립덥 뮤직비디오용 장소 헌팅을 할 때 유념할 것은, 후렴구를 어떻게 소화할 것인가 하는 점이다. 솔로 보컬이나 랩은 한 명씩 파트를 나누어 부르지만, 코러스 합창이 나오는 후렴구는 군무를 보여줘야 뮤직비디오에 리듬감이 생긴다. "MBC 프리덤, 공정방송 사수, 오오오" 외치는 대목에 여러 사람이 군무를 펼칠 여유로운 공간을 찾아야 한다.

제일 쉬운 방법은 역산이다. 드라마 촬영할 때 써먹는 방법이다. 연인들이 밤거리를 걸으며 대화하다가 멈춰서 키스할 때, 유난히 예쁜 건물 조명이 배경에 걸리는 경우가 있다.

'한참 대화하다가 딱 섰는데, 어떻게 저런 기가 막힌 장소에 얻어걸리지?'

요령은 간단하다. 걷기 시작하는 장소를 정하기보다 키스 신을 찍을 장소를 먼저 정한 후, 연출 혼자 대사를 중얼거리며 역방향으로 걷는다. 대사가 끝나는 지점, 그곳이 배우들이 걷기 시작하는 위치다. 립덥도 마찬가지로, 군무를 출 공간을 먼저 정하고 거기에서 음악을 스타트해 출발점으로 돌아간다. 후렴구가 시작하는 위치가 바로 립덥 뮤직비디오 촬영 시작 위치다.

파업 홍보 뮤직비디오 〈MBC 프리덤〉 촬영 장면

이 뮤직비디오 영상은 유튜브 조회수 30만을 넘겼다. 그 공을 회사로부터 인정받아 정직 6개월 징계까지 받았으니 황송할 따름이다.

〈MBC 프리덤〉 뮤직비디오 영상 링크

(https://youtu.be/vT1J9ZwH1jM)

드라이 리허설

촬영 당일 오전 아홉 시, 일산 MBC 드림센터 도착. 노래패가 모인다. 전날 사전 답사한 2층 스튜디오 복도를 걸어가며 전체 동선을 보여준다. 보컬과 랩 부분은 한 사람씩 파트를 나눠 등장하고 후렴구는 모여서 합창 연습을 한다.

카메라 리허설 및 모니터링

오전 내내 노래패 연습이 끝나면, 점심 먹고 오후 한 시에 모여 카메라 리허설을 한다. 카메라 리허설에 전 조합원을 부르지는 않는다. 많은 인원을 대기시키고 계속 연습시키면 현장이 산만하고 스태프들이 지쳐 능률이 떨어진다. 수백 명을 동원한 촬영 시간은 길어야 한 시간이다.

리허설 장면을 출연자들에게 모니터로 보여준다. 출연 장면을 보면 일일이 말로 설명하지 않아도 쉽게 실수를 수정할 수 있다. 드라마를 찍을 때도 초반에는 컷 하나하나 찍을 때마다 배우들과 함께 모니터링하면서 톤을 맞춰간다. 좋은 배우들은 모니터링을 통해 대부분 스스로 감을 잡으니까.

크랭크 인

오후 두 시, 드디어 촬영 개시. 전 조합원을 모아놓고, 카메라 리허설 촬영 영상을 보여준다. 노래패의 춤과 노래에 열광한다. 마지막 계단에서 전 조합원이 등장하는 장면은 빈 계단을 훑으며 내려가는 카메라를 보여준다.

"여러분이 이 장면을 가득 채워주셔야 합니다."

조합원들이 자신들이 등장하는 타이밍과 역할을 쉽게 이해한다.

촬영에 앞서 실전과 똑같이 카메라 리허설을 두 번 정도 했다. 2절 후렴구에 이르러 계단에 숨어 있던 사람들이 벌떡 일어나며 군무를 펼쳤는데, 그랬더니 앞에 선 사람이 뒤에 선 사람을 가렸다. 사람이 많아 보이는 게 우리의 목표인데 어떡하지? 카메라 감독의 제안으로 다들 앉아서 춤을 추고, 카메라가 지나가면 일어나는 동작으로 바꿨다. 마지막에는 전원이 서서 구호를 외치는 것으로 마무리했다.

촬영은 테이크 세 번 만에 끝났다. 첫 엔지는 부끄럽게도 연출인 내가 냈다. 휴대전화를 보고 오다가 카메라를 발견하고 깜짝 놀라는 연기였는데, 동작이 맞지 않았다. 두 번째 테이크는 오케이 컷이었다. 하지만 조합원들에게 한 번 더 가자고 했다.

"두 번째 테이크, 좋습니다. 하지만 아쉬울까봐 한 번만 더 찍을게요. 이번에 엔지 나면 방금 전 테이크를 쓰면 됩니다. 마지막 촬영이니 마음 편하게 연기하세요!"

예상대로, 세 번째 테이크가 가장 좋았다. '마지막'이라고 하면 최선을 다하고, 이미 오케이 컷이 있다고 하면 홀가분해

져서 표정이 절로 밝아진다. 이건 드라마 촬영할 때 내가 자주 써먹는 수법이다.

"'킵'해두고 한 번 더!"

반나절 만에 찍은 영상이 유튜브에 올라가자 순식간에 조회수 30만을 훌쩍 넘기며 화제의 동영상이 됐다. 우리는 웃으면서 찍었는데, 그걸 보면서 눈물을 흘렸다는 이야기도 들었다. 즐겁게 만든 영상으로 MBC 파업을 더 많은 이들에게 알릴 수 있었다. 이 영상 연출은 내게 그 어떤 드라마보다 더 의미 있는 작업이었다. 〈MBC 프리덤〉은 내 인생의 대표작이다. 이런 멋진 영상을 만드는 데 함께해준 MBC 조합원 동지 여러분들에게 감사드린다.

〈총장실 프리덤〉 뮤직비디오 영상 링크
(https://youtu.be/ZZdvTNpaQ9U)

성공회대학교 립덥 영상 링크
(https://youtu.be/yZJWOHTyatk)

〈그랜드래피즈 립덥〉 뮤직비디오 영상 링크
(https://youtu.be/ZPjjZCO67WI)

마이크를 든 자객

2012년 2월 17일, 서울 장충체육관에서 열린 '으라차차 MBC' 파업 콘서트에 3,000명이 넘는 시민이 모였다. 당시 인기 팟캐스트 《나는 꼼수다》(이하 《나꼼수》) 3인방 김어준·주진우·김용민이 무대에 올랐다. 주진우 기자가 말했다.

"MBC 조합원 동지 여러분, 저는 여러분을 위해 김재철을 치는 자객이 되겠습니다."

우레와 같은 환호와 박수가 터져 나왔다. 울컥해서 나도 함께 함성을 지르다가, 문득 이런 생각이 들었다.

'내가 사랑하는 MBC를 망가뜨린 김재철 사장을 응징하기 위해 외부인의 손을 빌려야 하는가?'

한홍구 교수가 현대사 특강에서 이런 질문을 던진 적이 있다.

"일제가 패망한 후 왜 우리는 왕정제로 복귀하지 않았을까요? 조선왕조의 후손들이 살아 있었는데 왜 아무도 입헌군주제를 주장하지 않았을까요?"

고종이 일제에 결사항전하다가 죽임을 당하거나, 왕손들이 해외에서 목숨 걸고 독립운동을 이어갔다면 백성은 조선왕조를 잊지 않았을 것이다. 그러나 목숨 걸고 싸운 건 가난한 백성들이었고 왕족과 양반 들은 기껏해야 청나라에 도움을 청하거나 침략국 일본에 부역했다. 왕조의 후손들은 부역자가 되고, 외세의 힘을 빌려 일제를 몰아냈다. 그러니 광복 이후 누구도 조선왕조의 복원을 주장하지 않았다.

김재철 치하에서 MBC는 패망의 길을 걸었다. 망할 때도 잘 망하는 게 중요하다. 다른 누군가의 힘을 빌려 이기면 청산이 어렵다. 우리 힘으로 싸워서 이기고, 우리 손으로 청산하는 게 중요하다. 이기지 못해도 좋다. 질 때 지더라도 이것만은 알려줘야 한다.

'재들은 호락호락 점령되는 조직이 아니구나.'

2012년,《나꼼수》멤버들의 인기는 하늘을 찔렀다. 공중파 방송이 정권에 장악되어 힘을 못 쓰자, 팟캐스트가 대안 언론으로 떠오른 것이다. 나도《나꼼수》팬이었다. 나는 무언가 재미난 걸 보면 미친 듯이 빠져든다. 그런 다음에 직접 내 방식대로 만들어본다. 통역대학원에 다니던 시절, 회화 공부를 위해 청춘 시트콤《프렌즈》를 시청하다가 그만 중독됐다. 한국판《프렌즈》를 만들고 싶어서 MBC에 입사했고 결국《뉴 논스톱》을 만든 전력이 있었다. 그 기질이 다시금 꿈틀거렸다.

《나꼼수》를 즐겨 듣다가 짝퉁 팟캐스트까지 만들기로 한다. 바로 파업 홍보 팟캐스트《서늘한 간담회》다.《나꼼수》가 이른바 '가카' 헌정 방송이라면 우리는 김재철 사장 헌정 방송을 기획했다.

가장 먼저 할 일은 캐스팅이다. MBC에는 대중적인 인기를 누리는 기자나 아나운서가 많다. 하지만 스타 조합원 대신 노조 집행부를 모았다.

이것은 전쟁이다. 싸움에서 장수가 뒤로 빠지고 병사를 앞에 세울 수는 없다. 이것은 평범한 이들의 싸움이다. MBC에 입사해서 기자로서 피디로서 경영인으로서 성실히 일하던 사람들이 김재철이라는 악당을 만나 싸움의 선봉에 나서게 됐다. 누구나 치열하게 싸울 수 있다는 것을 보여주고 싶었다. 그것이 우리들의 '《나꼼수》덕후 정신'이다. 비범하지 않아도 싸울 수 있다는 것. 대놓고《나꼼수》아류작을 표방한《서늘한 간담회》방송을 시작했고, 심지어《나꼼수》에 직접 출연해 사장님 칭송을 늘어놓기까지 했다. 이 모든 것은《나꼼수》를 깊이 애정한 데서 비롯됐다.

회사에서 집행부 전원을 업무방해 혐의로 형사 고발해서,

경찰에서 출석 요구서가 날아왔다. 출석 요구에 응하지 않으면 체포영장이 발부되고, 체포될 경우 구속영장이 신청된다. 당시 나는 아버지를 모시고 살았다. 아버지는 내가 노조 집행부로 일하는 걸 모르셨다. 걱정하실까봐 안 알렸다. 집으로 날아온 출석 요구서를 보고 의아해하셨다.

"왜 경찰서에서 너한테 편지를 보내는 거냐?"

"아, 지난번에 놀러갔다가 과속 카메라 단속에 걸렸나 봐요."

경찰에서 세 번째로 출석 요구서를 보낸 날, 아버지는 화를 버럭 내셨다.

"운전 좀 살살 해, 이놈아! 한 달에 과속 딱지만 세 번 끊으면 어떻게 하냐!"

회사에서 노조 집행부를 상대로 1인당 33억 원의 손배소를 신청했다. 이게 집행되면, 곧 집에도 압류 딱지가 붙을 판이었다. 집행관이 들이닥치면 아버지께 어떻게 변명해야 할지 고민이 들었다.

"죄송해요, 아버지. 속도위반 범칙금 내는 걸 깜빡해서……."

어느 날, 아내가 물었다.

"그래서 아버님은 아직도 당신이 노조 부위원장 하는 거 모르셔?"

"무슨 소리야? 《서늘한 간담회》 6화에서 언급했잖아. 법원에서 온 가압류 통지서 때문에 뽀록난 거. 그 방송 안 들었어?"

아내의 표정에 순간 '딱 걸렸네?' 하는 난감함이 스쳤다.

"뭐야, 당신 어제《나꼼수》듣고 있었잖아? 근데 남편이 만드는《서늘한 간담회》는 안 들어?"

삐죽삐죽, 아내의 한마디.

"《나꼼수》보다 재미없잖아."

맞다. 감히《나꼼수》에 비교할 수는 없다. 그래도 녹음 마이크를 잡을 때마다 손에 비수를 거머쥐는 각오로 임했다. 손잡이가 없어 날로 잡아야 하는 비수. 상대에게 상처를 입히기 위해서는 베일 각오로 꽉 쥐어야 하는 칼. 나는 마이크를 든 자객이 되고 싶었다.

요즘 도서관에 저자 강연을 자주 다닌다. 마이크를 잡고 두 시간 동안 강연하고 질문도 받는다. 가끔 이런 질문이 나온다.

"피디가 어떻게 그렇게 말을 잘하나요?"

2012년 170일 파업하면서 직접 집회 사회를 보거나 팟캐스트 진행을 맡았다. 노조 집회에서 발언할 때는 회사에서 보낸 채증용 카메라가 나의 한 마디 한 마디를 녹화했고, 경찰에서는《서늘한 간담회》녹취록을 바탕으로 나의 죄를 추궁했다. 싸움에 임하는 동안 동지와 적들이 내 입에 주목하고 있었다. 적들에게는 겁먹은 티를 내기 싫었고, 동지들에게는 웃음과 용기를 주고 싶었다.

마이크를 잡을 때마다 더 많은 사람들을 웃기기 위해 최선을 다했고, 말 속에는 적들을 향한 칼을 벼렸다. 마이크를 든 자객이라는 각오로 살았더니, 이제는 마이크에 대한 공포가 사라졌다. 인생은 이래서 재미있다. 한순간도 버릴 게 없다.

나를 돌아보게 만들어준 검사님들

2012년 파업 기간 동안, 검찰은 나와 이용마 기자를 포함한 MBC 노조 집행부 다섯 명에게 업무방해 혐의로 구속영장을 청구했다. 김재철 사장의 업무를 방해한 것이 벌줄 일인지, 상줄 일인지 잘 모르겠지만, 재판에 가면 잘잘못이 가려지리라 생각했다. 담대하게 상황을 맞이했지만, 막상 구속영장이 발부되면 유무죄 여부가 가려질 때까지 몇 달 동안 유치장 신세를 져야 한다는 게 두려웠다.

구속영장 청구 소식에 싱가포르에 있는 아내와 민지·민서 얼굴이 떠올랐다. 아내에게 전화해서 혹 내가 감방에 가도 아이들을 데리고 면회를 오지는 말라고 당부했다. 어린 딸들에게 아빠가 교도소에 갇힌 모습을 보여주고 싶지는 않았다. 영장 심사를 받으러 가는 길에 아내에게 전화했다. 아내가 이렇게 위로했다.

"내가 오늘 당신 운세를 봤거든? 친구 따라갔다가 환대를 받는대. 좋은 운수니까 걱정하지 마."

전화를 끊고 차에 같이 타고 가던 집행부에게 그 이야기를 했다. 당시 틈날 때마다 나는 온건한 성향인데 강경파 이용마를 만난 탓에 강성 집행부로 분류된다고 우는소리를 했다.

"아, 이래서 친구를 잘 만나야 하는데."

이용마가 웃었다.

"왜? 친구 덕분에 환대를 받는다잖아."

"아니, 영장 심사를 가서 '에이, 저리 가!' 하고 내쫓아야 좋은 거지, 환대한다고 '아이고 어서 오세요' 하고 잡아들이면 어떻게 하나?"

둘이 웃으면서 농을 주고받는 장면은 훗날 영화 〈공범자들〉의 마지막 장면이 됐다. 영장 실질심사를 받고 유치장에서 결과를 기다리는 동안 죽을 맛이었다. 기각이 되든, 발부가 되든 다섯 명 전원이 함께하기를 바랐다. 다섯 명이 유치장에 있다가 누구는 남고 누구는 풀려난다면, 나가는 이도 남는 이도 얼마나 서글플 것인가. 다행히 전원 기각으로 풀려났고 유치장에서 구상한 글을 다음 날 아침 블로그에 올렸다. 제목은 〈검사님들께 감사드립니다〉.

"먼저 이렇게 최후 진술의 기회를 주신 판사님께 감사드립니다. 저는 이곳에 계신 검사님들의 말씀을 들으며 '나는 누구인가?', 정체성의 혼란을 겪었습니다. 검사님들의 말씀에 따르면 저는, 불법 파업을 선동하고 조합원 간 폭력 행위를 조장하는 자로 즉각 구속이 불가피한 현행범입니다. 하지만 검사님들께 감히 말씀 드리자면, 저는 자유민주주의자입니다. 자유와 민주주의의 가치를 믿으며 살아왔습니다. 언론사 직원으로서, 제게 가장 소중한 자유는 언론의 자유입니다. 또 민주주의 국가인 대한민국에서, 공영방송의 주인은 국민입니다. 저는 자유민주주의자로서 언론의 자유를 위해, 또 공영방송의 주인인 국민을 위해 지난 몇 달간 최선을 다했습니다. 하지만 자유와 민주주의의 가치를 위해 노력한 저의 모습이 여기 계신 검사님들께는 불순하고 불법적인 행동으로 보였다는 점에서 저의 지난 행동을 다시 돌아보게 됐습니다. 나 자신을 돌아볼 수 있는 좋은 기회를 주신 두 분 검사님께 감사드립니다."

구속영장 실질심사에서 행한 최후 발언입니다. 세 시간 동안 법정에서 검사와 변호사 간의 치열한 법적 공방을, 제3자로서 지켜보는 것은 사실 쉬운 일이 아닙니다. 검사의 말 한마디, 변호사님의 말씀 한마디에 지옥과 천당을 오가며 마음을 졸입니다. 그러다 마지막에는 드디어 피의자 최후 진술의 기회가 주어집니다.

저의 발언보다는 사실 이용마 기자의 발언이 더 마음을 울렸는데, 온전히 기억하지 못해 함부로 그의 뜻을 왜곡할까 봐 전하지 못하는 게 아쉽습니다.

검사는 130일 넘게 공정 보도의 가치를 지키기 위해 파업을 하고 있는 MBC 기자들을 가리켜 "공영방송 사장의 명예를 함부로 훼손한 이들은, 기자도 아닙니다"라고 말했습니다. 그 말에 이용마 기자는 몇 번이나 목이 메어 말을 잇지 못했습니다. 기자로서의 자부심 하나로 살아온 사람에게, 그 자부심을 지키는 과정에서 해고를 당하고 그러고도 싸움을 이어가는 이에게는 참으로 억장 무너지는 소리였겠지요. 지난 몇 년간 대한민국에서 언론의 자유를 훼손하고, 민주주의를 후퇴시키는 데 앞장선 사람이 자유민주주의 가치를 수호하자고 큰소리치는 세상입니다. 이 땅의 죽은 언론 탓에 진짜와 가짜를 구분하기 어려운 세상이라 하지만, 대한민국 검사라는 이가 진짜 기자와 가짜 기자도 구분하지 못한다니, 참담한 심경을 금할 길이 없습니다. 어떤 일의 한 가운데 서 있으면, 객관성을 잃어버립니다.

검사의 발언을 들으며, 나 역시 혹시 그런 오류에 빠져 있지는 않은지 돌아보게 됩니다. 자신을 돌아볼 수 있는 좋은 기회를 주신 검사들께 감사드리며, 집행부 다섯 명에 대한 두 번의 구속영장 청구가 두 번 다 전원 기각으로 이어졌다는 데 있어, 검사 여러분도 다시 한 번 자신을 돌아보는 기회로 삼으시기 바랍니다.

어제 온종일 저희 MBC 노동조합 집행부 다섯 사람을 응원해주시고, 늦은 밤 전원 기각 소식에 함께 기뻐해주신 모든 분께 진심으로 감사드립니다.

- 김민식, 블로그 '공짜로 즐기는 세상', 2012.06.08.

꼴찌를 목표로 달리는 마라토너

10년째 매일 아침 블로그에 글을 올리고 있다. 도서관 저자 특강에 가면 이런 질문을 받는다.

"어떻게 매일매일 글을 쓰실 수 있나요?"

하고 싶은 일이 있으면 그냥 한다. '이거 한다고 뭐가 될까? 돈 되는 일도 아닌데', '이 글 보고 누가 뭐라 하면 어떡하지? 이거 혹시 징계 사유 아닌가?' 이런 고민은 안 한다.

《달리기를 말할 때 내가 하고 싶은 이야기》를 보면, 무라카미 하루키는 전업 작가로 살면서 체력 관리를 위해 매일 달린다. 하루도 빠지지 않고 달리는 이유에 대해 이렇게 말한다.

"근육은 잘 길들여진 소나 말 같은 사역 동물과 비슷하다. 주의 깊게 단계적으로 부담을 늘려나가면, 근육은 그 훈련에

견딜 수 있도록 자연스럽게 적응해나간다."

블로그도 마찬가지다. '명색이 콘텐츠를 만드는 피디라면, 하루에 하나씩은 글을 올려야지'라고 마음을 먹고, 매일 아침 글을 쓴다. 편안함은 쉽게 적응되고, 힘든 일을 꾸준히 하기는 너무 어렵다.

김재철 사장 취임 이후, MBC 직원이라는 게 부끄러웠다. 《뉴스데스크》가 부끄럽고, 《PD수첩》이 창피했다. 2012년에 파업했을 때, 어떤 분이 물었다.

"보도가 공정하지 못하다면, 뉴스만 파업하면 되지 않나요?"

식빵에서 쥐가 나왔는데, 쥐만 빼고 빵을 먹으면 되나요? 또 누군가 물었다.

"당신들의 소임이 방송인데, 왜 맡은 바 책임을 다하지 않는 것이냐?"

상한 음식인 줄 알면서도 계속 만드는 게 요리사의 책임인가요?

《PD수첩》 광우병 관련 보도 이후, 몇 년 동안 권력에 탄압받고, 검찰에 기소당하고, 해마다 파업하면서 오래도록 싸웠고, 그 결과 우리는 모든 싸움에 졌고, 모두가 패배의식에 빠졌다.

'어차피 아무것도 할 수 없는 시대라면, 그냥 이렇게 살아도 되지 않을까?'

양심도 사역 동물이다. 끊임없이 단련하지 않으면 어느 순간 편안함을 갈구하고 무기력하게 늘어진다. 파업은, 늘어진 말을 일으켜 세우는 채찍질이다. 때로는 싸움을 통해 잠든 양심을 깨워야 한다.

2012년 겨울 일요일 아침마다 한강을 달렸다. 전철을 타고 7호선 뚝섬유원지역에서 내려 한강시민공원을 달린다. 잠수교로 한강을 건너 동작대교 아래 동작역까지 간다. 한 시간 반 정도 걸리는데, 춥고 피곤하고 힘들다. 달리기를 멈추고 싶은 이유는 수만 가지가 넘지만, 달리는 이유는 하나다. 그렇게 마음먹었으니까. 달리면서 내 몸에 계속 속삭인다.

'드라마 촬영을 시작하면 추운 야외에서 하루 두세 시간밖에 못 자면서 몇 달을 버텨야 한다. 달리기쯤은 평소에 즐겨야 해.'

그러다 2012년 2월, 난생 처음으로 마라톤 하프 코스에 도전했다. 나이 마흔다섯에 마라톤을 시작하고 석 달 만에 하프 코스에 도전하자니 겁이 났다. 과연 완주할 수 있을까? 날씨가 추워서 연습도 못 했고, 파업 프로그램을 만드느라 체력 관리도 제대로 못 했다. 완주할 확신은 없었다. 승산은 없지만, 목표는 있었다. 꼴찌가 되는 것이었다.

'가장 먼저 출발해서 가장 나중에 들어오는 주자가 되자.'

그날 나는 'MB 낙하산 김재철은 퇴진하라'는 구호가 등에 적힌 조끼를 입고 뛰었다. 마라톤에 나서며 세운 목표는 하나다. 내 등에 새겨진 '김재철 퇴진', 그 문구를 가장 많은 사람에

마라톤 완주 메달을 들고 한 컷
"MB 낙하산 김재철은 퇴진하라" 조끼를 입고 난생 처음 마라톤 하프 코스에 도전했다. 완주할 자신은 없지만, 목표는 있었다. 꼴지를 목표로 달리는 것이다. 때로는 결과보다 과정이 더 중요한 싸움도 있다.

게 보여주는 것. 그 방법은? 초반에는 맹렬하게 달려서 맨 앞으로 치고 나가고, 1위가 되자마자 곧장 차례차례 추월당해 꼴찌가 되는 것이다. 모든 주자가 내 등의 글귀를 읽고 나를 지나칠 테니까. 태어나서 처음으로 꼴찌를 목표로 달렸다. 달리는 내내 즐거웠다. 나를 지나치는 많은 이들의 격려와 응원을 업고 달렸으니까.

때로는 꼴찌를 목표로 시작하는 싸움도 있다. 결과보다 과정이 더 중요한 싸움도 있다.

깜깜한 수로를 건넌 자만이 빛을 발견한다

머리가 나쁜 탓일까? 본 영화를 또 봐도 흥미진진하고, 한 뮤지컬을 몇 번을 다시 봐도 재미있다. 특히 뮤지컬 〈레미제라블〉은 볼 때마다 눈물짓게 하는 포인트가 달라 그 풍부한 스토리에 감탄하게 된다.

〈레미제라블〉을 처음 본 건 신혼여행 때였다. 일주일 동안 뉴욕에 머물며 매일 밤 뮤지컬을 봤다. 당시 예능 피디였기에 궁극의 무대 예술이라는 뮤지컬을 제대로 배우고 싶었다. 〈레미제라블〉을 보며 엄청 울었다. 나를 울린 대목은 마리우스를 짝사랑하는 에포닌이 〈On My Own〉을 부르는 장면이었다. 짝사랑에 절절히 가슴 아파본 사람이라면 이 노래가 얼마나 슬픈지 알 것이다. 오랜 짝사랑 끝에 힘들게 결혼에 골인한 직후라 당시 〈오페라의 유령〉을 보면서도 팬텀에게 감정이입해서 꺽꺽 통곡했던 기억이 난다.

'못생긴 남자는 예쁜 여자를 좋아하면 안 되는 거냐!'

7년 뒤 영국 런던에 연수를 갔다가 뮤지컬 〈레미제라블〉을 다시 봤다. 이번에는 다른 장면에서 눈물이 쏟아졌다. 당시 일곱 살 난 큰딸 민지에게 푹 빠져 있던 터라, 장 발장이 코제트에게 헌신하는 대목에서 콧등이 시큰해졌다. 특히 마리우스를 바라보며 '내 사랑하는 딸을 위해 너는 반드시 내가 살린다'라고 다짐하는 장면에서 펑펑 눈물을 쏟았다.

'아, 나도 이제 아버지가 돼가는 건가?'

2012년 연말에 영화로 개봉한 〈레미제라블〉을 봤다. 이번에도 울었다. 이번에는 혁명군의 최후가 너무 슬퍼 소리 내어 꺽꺽거리며 울었다. 같이 보던 아내가 놀라 쳐다볼 정도였다. 주위 사람들 보기 민망해서 영화가 끝난 후에도 한동안 자리에서 일어설 수 없었다. 자막이 올라가는 동안 고개를 숙이고 펑펑 울었다. 눈물이 주렁주렁 달린 내 얼굴을 쓰다듬어주는 아내에게 물었다.

"왜 그 새벽에 파리 시민들은 혁명군의 바리케이드를 버렸을까?"

아내가 가만히 나를 바라보다 안쓰러운 표정으로 대답했다.

"그 사람들도 무서웠겠지."

2012년 한 해, MBC 조합원들은 여섯 달 동안 파업했고 일곱 명이 해고를 당했고 100여 명의 동료가 아직 일터로 돌아가지 못하고 있었다. 2012년 대선이 끝난 후, 누군가 사내게시판에 글을 올렸다.

"노조여, 국민의 심판을 겸허하게 받아들여라."

국민의 뜻이 무엇이었을까? 아내의 말대로 사람들은 두려웠던 것일까? 기업이 망할까봐, 직장을 잃을까봐, 아파트값이 폭락할까봐, 북한이 쳐들어올까봐? 그렇게 생각하니 바리케이드를 버린 사람들에 대한 원망은 가여움으로 바뀌었다.

'그래, 사람들은 단지 무서웠던 거구나……. 바뀌는 게 너무 무서워서 그들을 버린 거구나.'

나는 해고된 동료를 위해 눈물을 흘린 적이 없다. 불쌍한 사람들이라고 생각해본 적도 없다. 그들은 자신이 옳다고 믿는 바를 위해 싸웠을 뿐이다. 아무도 싸우려 하지 않을 때, 가장 먼저 일어나 싸웠고 그 대가를 치른 것뿐이다. 그러니까 내가 〈레미제라블〉을 보고 목 놓아 운 것은 해고된 정영하·강지웅·이용마·최승호·박성제·박성호 때문이 아니다. 단지 프랑스 혁명군이 너무 가여워서 운 것이다.

영화에서 가장 강렬하게 남은 장면이 있다. 장 발장이 바리케이드 학살에서 살아남기 위해, 아니, 마리우스를 살리기 위해 하수도를 걸어가는 장면이다. 파리 시민들의 배설물로 가득한 하수도를 허우적거리며 헤쳐나가는 장 발장의 모습. 나는 그 장면이 앞으로 내가 인생을 살아야 하는 자세라고 생각한다.

'똥물에 빠져 허우적대는 한이 있어도 반드시 살아남아야 한다. 살아서 이 깜깜한 수로의 끝까지 가본 사람만이 빛을 만날 테니까.'

뮤지컬 마지막 장면에서 모든 주인공은 소리 높여 노래한다. 〈When Tomorrow Comes〉. '내일이 오면' 세상이 바뀔까? 모르겠다. 중요한 건 일단 내일까지 살고 볼 일이라는 것이다.

진 싸움에서 배운 교훈

2012년 170일 파업은 참 힘들었다. 예전 파업의 양상은 늘 비슷했다. 파업을 시작한다. 경영진이 버틴다. 보다 못한 선배들도 사장의 용퇴를 촉구하며 내려온다. 방송 파행이 시작된다. 여론이 파업을 지지한다. 정치권에서 부담을 느낀다. 결국 사장이 내려온다. 하지만 2012년 김재철 사장과 이명박 대통령은 달랐다. 무슨 양파도 아니고 까도 까도 온갖 비리가 계속해서 나오는데, 눈도 깜짝 안 했다. 정치권도 마찬가지였다. 김재철 사장의 파렴치한 민낯이 드러나도 모르쇠로 일관했다. 심지어 4월 총선에서 보수 여당이 다수 석을 차지하면서 '이번 기회에 MBC 노조를 확실하게 제압해야 한다'는 분위기로 돌아섰다. 검찰은 연일 구속영장을 발부하고, 회사는 수십억의 손해배상 민사 소송을 걸었다. 어느 순간 깨달았다, '아, 이 싸움, 이기기 쉽지 않겠구나!' 하고.

일을 하다가 망했다 싶을 때, 나는 간절한 마음으로 재미난 무언가를 찾아본다. 즐거움의 힘으로 버틴다. 파업 프로그램을 기획하다가 아이디어가 떠오르지 않으면 사무실 구석에서 만화를 봤다. 《H2》라는 아다치 미츠루의 야구 만화가 있다. 두 명의 주인공이 나온다. 에이스 투수 히로(영어로 읽으면 히어로hero)와 4번 타자 히데오(한자 영웅英雄의 일본어 발음). 둘 다 소년 영웅이지만, 특히 히로는 아다치 미츠루가 만든 캐릭터 가운데 최고다.

이들과 싸우는 상대편 투수 중에 히로타라는 선수가 있다. 이기기 위해 상대 타자의 몸을 맞히는 공도 불사하는 악역이다. 영리한 히로타는 상대 타자를 부상시키고 상대 팀 전력에 타격을 입힌다. 그러고도 매번 교묘한 변명으로 빠져 나간다. '아, 히로타 선수는 강타자가 나오면 정신적 부담이 커서 볼 컨트롤이 흐트러지죠' 하는 식으로. 이기기 위해서 무슨 짓이든 마다하지 않는 히로타를 보고 히로가 한마디 한다.

"아무리 머리가 좋아도 이기는 것만 생각해선 공부가 부족해질걸. 대체로 스포츠에선 이긴 시합보다 진 시합에서 더 많은 것을 배우는 법이니까."

학교 강의를 나가면 학생들이 묻는다.

"드라마 피디로 살면서 가장 힘든 점은 무엇인가요?"

대답해준다.

"내가 전교 꼴찌예요. 이걸 아무도 모르고 나만 알아요. 그러면 크게 힘들지 않아요. 그런데 우리 반 아이들이 다 알아요. 좀 창피하겠죠? 만약 동네 사람들이 다 안다면 어떨까요? 아마 밖에 나다니기도 힘들 거예요. 나는요, 내가 만드는 드라마가 시청률 꼴찌를 하면 온 국민이 다 알아요."

시청률 부진만큼 피디에게 힘든 게 없다. 조기종영을 겪은 어떤 드라마 피디는 플랫폼으로 진입하는 지하철만 보면 뛰어들고 싶어 한동안 전철 대신 택시를 탔단다. 조기종영도 당해보고, 시청률 부진도 다 겪어봤지만 여전히 나는 드라마 피디로 산다.

조연출 시절, 《가문의 영광》과 《논스톱》을 조기종영으로 말아먹은 바가 있다. 두 번의 실패를 통해 시트콤에 대해 많이 배웠다. 그 노하우를 바탕으로 다시 도전한 프로그램이 《뉴논스톱》이다. 연출은 참 행복한 직업이다. 대박이 나면 명성을 얻고, 쪽박이 나면 경험을 얻는다. 편성이 불리하다고, 대진 운이 나쁘다고 드라마 연출 기회를 피한 적은 없다. 실패에서도 배울 수 있는 게 인생이다.

파업 전면에 나서 싸우는 나를 보고 이런 충고를 해주는 선배가 있었다.

"영리하게 굴어. 승산도 따지면서 살아라. 그러다가 다칠까 겁난다."

승산이 있느냐 없느냐를 따지지 않는다. 싸워야 할 때 달아나지 않는 것이 인생에 대한 예의다. 승패에 집착하기보다 과정을 즐긴다. 결과는 누구도 알 수 없다. 때로는 처참하게 질 수도 있다. 그것 역시 받아들이겠다는 자세로 살면, 도전하지 못할 이유가 없다. 이기는 싸움만 하려고 들면, 승산이 없을 때마다 달아나게 된다. 그렇게 도망 다니며 살면 인생에서 배우는 게 없고 남는 게 없다. 지는 싸움에서 더 크게 얻는다. 싸우지 않을 이유가 없다.

[우리의 일이 놀이가 되려면]
백수가 행복한 나라

- 《조선에서 백수로 살기》

회사와 싸울 때 가장 두려운 건 해고인데, 고전평론가 고미숙 선생의 말씀을 들어보면 백수가 되는 걸 두려워할 이유가 없다. 지금은 백수의 시대니까. 100세 시대란 백수가 100세가 되는 시대다. 《바보야, 문제는 돈이 아니라니까》라는 책에서 고전평론가 고미숙 선생은 이렇게 말씀하신다.

대학의 몰락, 청년백수, 저출산 등을 떠올리면 참으로 암울하다. 하지만 어둠이 있으면 빛이 있는 법. 아이러니하게도 대학의 지성은 실종됐지만, 지성 자체는 전 인류적으로 해방됐다. 인류가 지금까지 터득한 모든 지식과 정보는 다 스마트폰 안에 들어 있다. 경전을 얻기 위해 10만 8,000리를 갈 필요도, 머나먼 이국땅으로 유학을 떠날 필요도 없다. 어디 그뿐인가. 누구든 유튜브를 통해 세계 최고의 지성인과 직접! 대면할 수도 있다. 바야흐로 '대중지성의 시대'가 도래한 것이다.

– 고미숙,《바보야 문제는 돈이 아니라니까》, 북드라망, 135쪽.

조선시대 양반은 원조 백수다. 과거시험을 통과해 관직에 나가지 못한 양반은 노는 게 직업이었다. 책을 읽고 글을 쓰고 난을 치며 풍류를 즐기는 인생. 앞으로 우리 모두 조선시대 양반처럼 살 수 있다. 양반 계급이 노동에 종사하지 않고도 생활이 가능했던 것은 사농공상 중에 농업·공업·상업에 종사하는 평민 계층이 있었기 때문이다. 평민과 노비의 노동력을 수탈할 수 있었기에 양반은 자유를 누렸다. 이제 우리도 인공지능 로봇에게 생산 활동을 맡기고, 조선시대 선비처럼 살 수 있다. 인류 역사를 통틀어 가장 풍요로운 시기가 온다. 독서하고 글을 쓰는데 이보다 더 좋은 시절도 없다.

유배 간 다산 정약용이 아들에게 보낸 편지에 이런 글이 있다.

"이제 가문이 망했으니, 네가 참으로 글을 읽을 수 있는 기회를 얻었구나!"

죄를 지은 아비가 덤으로 출셋길이 막힌 아들을 약 올리려고 한 말이 아니라, 진심으로 기뻐하라고 하는 말이다. 조선시대 양반들은 과거시험을 준비하기 위해 열심히 글공부를 했다. 어떻게 하면 시험관의 눈에 드는 글을 쓸까 고민도 많이 했다. 정약용이 보기에 가문이 망했으니 아들은 이제 그런 출세를 위한 공부를 할 필요가 없어졌다. 그냥 읽고 싶은 책을 마음껏 읽고, 본인 내키는 대로 글을 쓰면 된다. 우리가 어릴 때 공부가 힘들었던 이유는 좋은 대학과 좋은 직장에 가기 위해 힘든 시험을 자꾸 본 탓이다. 백수의 공부에는 제약이 없다. 회사에서 징계를 내리고 대기발령을 내고 일을 시키지 않으면 혼자 공부라도 열심히 하면 된다.

《낭송의 달인 호모 큐라스》에서 고미숙 선생은 이렇게 말한다.

바야흐로 백수의 전성시대를 맞이하고 있다. 앞으로도 상황이 달라질 것 같지는 않다. 하지만 절망할 것 없다. 백수가 지성을 연마하면 군자가 된다. 타의에 의한 가난은 빈곤이다. 하지만 스스로 선택한 가난은 청빈이고, 청빈이야말로 가장 고귀한 윤리다.
그럼 이제 남은 건 윤리적 선택뿐이다. 주류에서 배제됐다고 스스로를 포기할 것인가 아니면 그걸 기회로 삼아 자신의 삶을 고귀하게 만들 것인가. 자기포기 vs. 자기배려. 자기를 존중하려면 무엇보다 자기 안의 욕망과 호흡을 조절할 수 있어야 한다. 그런 존재가 바로 '호모 큐라스'다. 백수가 군자가 되는 길도 여기에 있다. 자기배려의 달인, 곧 호모 큐라스가 되면 된다.
- 고미숙, 《낭송의 달인 호모 큐라스》, 북드라망, 181쪽.

살아 있다는 것은 욕망을 통제하기 위해 끊임없이 노력하는 과정이다. 그것이 바로 수행이다. 가장 좋은 수행은 글쓰기다. 사람들이 노래방에 가서 마이크를 잡을 땐 부담이 없다. 노래를 못 한다고 내가 부족한 사람이 되는 건 아니니까. 글은 다르다. 글은 곧 자아다. 글을 못 쓰면 부족한 내가 드러나는 것 같다. 글쓰기가 부담스러운 이유는 글이 나를 드러내는 거울이기 때문이다. 더 좋은 글을 쓰기 위해서는 노력하는 것 외엔 방법이 없다. 그렇기에 글쓰기는 최고의 수행이다. 더 나은 내가 되기 위해 더 좋은 글을 쓰려고 노력해야 하고, 더 좋은 글을 고민하고 쓰는 과정에서 조금 더 나은 사람이 될 수 있다.

《조선에서 백수로 살기》에서 고미숙 선생은 "백수의 특권은 주유천하다, 집에서 탈출하라!"고 한다. 조선시대, 자발적 백수로 산 연암 박지원의 생을 통해 21세기 백수의 삶을 통찰한다. "백수가 100세 되는 시대"에 시간을 어디서 보내는 게 좋을까? 가장 좋은 곳은 도서관이다. 도서관 이외의 공간은 위험하다. 내 지갑을 턴다. 자본주의 시대, 모든 공간은 소비를 부추길 목적으로 존재하지만, 오로지 도서관만이 공부를 부추긴다. 지난 수십 년간 도서관에 가는 건 학생들이었다. 도서관 열람실에서 시험공부하려고. 대학 입시든, 직장 취업이든 시험공부가 목표였다. 시험에 합격하면 사무직이 될 수 있었다. 공부하지 않으면 육체노동자가 됐다.

그 시절에는 공부가 출세의 방편이었지만 21세기는 그렇지 않다. 이제는 노동자 대부분이 사무직이다. 육체노동은 기계나 로봇이 대신하니까. 고시의 시대가 끝났다. 이제 진짜 공부를 위해 다시 도서관에 가야 한다. 도서관은 이제 어른들의 평생 학습의 장이 됐다.

고미숙 선생은 도서관 강연 중에 이런 말씀을 하신 적이 있다.

"살아 있는 순간은 다 배워야 할 때다. 오늘을 살려면, 오늘이 즐거워야 한다. 오늘이 즐거우려면, 오늘이 새로워야 한다. 오늘이 새로우려면, 어제 몰랐던 걸 오늘 깨달아야 한다. 즉 즐거운 삶을 위해서는 매일 배워야 한다."

싸움의 시간, 유배의 시간, 버티는 시간이 다 공부의 연속이다. 백수가 군자가 되는 세상을 꿈꾼다.

3부

우아하게
반격하는
법

더 좋은 회사를 만들어
좋은 세상으로 가는 데
보탬이 되고 싶었을 뿐이다.
그런 마음을 세상이 몰라준다고 해서
낙담할 이유가 없다.
그 열정을 기억하고
우리 마음이 변치 않는다면,
언젠가 세상은 반드시
더 좋아질 테니까.

싸움의 유머

2012년 170일 파업은 왜 그렇게 처절한 싸움이 됐을까? 정치가 제 역할을 해주었다면 그렇게까지 되지 않았을 것이다. MBC는 종편과 달리 사주가 없는 공영방송이다. 방송문화진흥회에서 사장을 선임한다. 방송문화진흥회는 MBC의 대주주로서 경영에 간접적으로 참여하며 MBC 사장의 임명권·해임권 등이 있다. 방문진 이사는 아홉 명인데, 세 명이 청와대 추천, 세 명이 여당 추천, 세 명이 야당 추천이다. 과거 공영방송이 파행으로 치달을 때, 방문진이 여론을 살피고 사장의 잘못에 파면권을 행사했다.

하지만 2012년 이명박 정권은 달랐다. 국민들의 공영방송 정상화 요구에 끝까지 모르쇠로 일관했다. 당시 새누리당 대선 후보인 박근혜 캠프는 대통령과 셈법이 달랐다. 2012년 6월 당시 정치권의 최대 쟁점은 '19대 국회 개원'이었다. 민간인 불법 사찰, 내곡동 특검, MBC 파업 등으로 여야 대립이 극심해지면서 19대 국회가 문조차 열지 못하고 있었다.

국민들의 파업 지지 여론도 절반이 넘었다. 당장 대선을 앞둔 박근혜 캠프로서는 이명박이 남긴 방송 장악의 장애물을 넘어야 했다. 당시 박근혜 의원의 최측근이던 이상돈 교수는 박 의원에게 "유력한 여당 대선 주자로서 공영방송 파업을 수습해야 하지 않겠느냐. MBC 노조도 김재철 해임을 약속하면 파업을 접을 수 있다고 했다"라고 전했다. 박근혜 의원은 이상돈 교수를 통해 노조에 메시지를 전한다.

'노조가 파업을 풀고 복귀하면 정상화를 위해 노력하겠다.'

노조는 7월 17일에는 파업 중단을 결정했다. 조합원들에게 파업 중단을 결정한 이유로 '여야 합의를 통해 김재철 사장의 퇴진이 기정사실화됐다'라고 설명했다.

2012년 11월 8일, 방문진에서 상정한 김재철 해임안이 부결됐다. 박근혜 후보가 노조에 건넨 약속이 파기된 순간이다. 집행부는 삭발과 단식 농성을 이어가며 격하게 항의했지만 당시 새누리당 대선 캠프는 모르쇠로 일관했다.

몇 년 전 이용마 기자와 나눈 대화가 떠올랐다.

"대통령 후보들이 공영방송 독립을 공약으로 삼고는 정작

국회 문방위 청문위장 방문 시위

삭발하고 노조 집행부가 국회 문방위 청문회장에 찾아갔을 때, 김재철은 출석하지 않았다. 당시 국회 청경이 우리에게 질문했다. "스님들이 여긴 웬일이십니까?"

청와대에 입성한 후, 그 약속을 파기하는 이유가 뭘까?"

"언론이라는 칼이 너무 잘 들기 때문이야."

"응?"

"내가 야당일 때는 언론이 대통령의 눈치를 살피는 게 부당하다고 생각하지. 그래서 선거 공약으로 방송 독립을 내세워. 그런데 내가 당선이 되잖아? 그럼 이 좋은 칼을 굳이 버려야 하나, 싶지. 그 칼을 남이 가지고 있을 땐 두렵지만 내 것이 되면 마음이 바뀌거든."

박근혜도 그랬다. 의원 시절에는 공영방송 정상화라는 여론의 눈치를 살폈으나 정작 대선 후보가 되고 당선이 된 후에는 양대 공영방송을 장악하는 데 힘을 쏟았다. 그 결과, 언론은 이른바 '기레기'가 됐다. 그런데 너무 잘 드는 칼은 스스로를 베기도 한다. 권력에 대한 감시와 견제 기능을 망가뜨리자 권력이 타락했다. 결국 언론장악은 보수정권의 패착이 됐다.

정치에 아무런 관심이 없던 딴따라마저도 2012년 대선이 끝나고 회사로부터 각종 징계와 보복에 시달렸다. 그 시절, 퇴사한 예능국 선배들을 만난 적이 있다. 당시 JTBC에서 일하던 주철환 선배가 그랬다.

"민식아, MBC에서 버티지 말고 나와. JTBC에 오면 프로그램 할 수 있어."

선배의 고마운 제안을 농담조로 받았다.

"아이고, 선배님. 중앙일보에서 저 같은 노조 집행부 출신 피디를 받아줄까요?"

"JTBC에 온 사람 중에도 과거 노조 경력이 있는 사람이 있어. 누가 홍석현 회장에게 그걸 알렸더니 홍 회장이 그랬대. '그 사람이 좌파인지 우파인지는 중요하지 않습니다. 일류인지, 이류인지 그것만 봅니다.'"

나는 일류가 아니라 힘들 것 같다고 눙쳤다. 회사가 나를 힘들게 해도, 회사를 향한 내 사랑은 변함이 없으니 웃으면서 버티는 쪽을 택했다. 그 무렵 한국PD연합회에서 칼럼 연재 요청을 받고 쓴 글에 당시의 심경이 고스란히 담겨 있다.

나는 로맨틱 코미디 전문 연출가다. 그렇다면 내 직업은 사람을 웃기는 일일까, 울리는 일일까? 이걸 딱 한마디로 정의하기 참 어려운 것이, 요즘 세상엔 웃어야 할지 울어야 할지 모를 일이 너무 많기 때문이다.

청춘 시트콤 《뉴 논스톱》으로 데뷔해서 《논스톱 3》, 《레인보우 로망스》 등 일일 시트콤만 3년 반을 연출했다. 내가 만든 시트콤 에피소드만 700편이 넘는다. 드라마국으로 옮기고 나서 3년 동안 네 편의 드라마를 연출했다. 나름 다작하는 연출이라 생각하는데 피디로서는 부족한 점이 많다. MBC 노조 편제부문 부위원장으로 일하며 《서늘한 간담회》

라는 팟캐스트에 출연하고,《나는 꼼수다》에 나가 사장님의 업적을 칭송했더니 누가 그러더라.

"피디님이 만드신 시트콤이나 드라마는 한 번도 본 적이 없는데, 피디님이 나오는 팟캐스트는 다 챙겨 들어요."

연출보다 출연으로 이름을 날리는 피디, 이거 웃어야 할지, 울어야 할지?

예능 피디로 10년을 일했지만 뮤직비디오는 만들어보지 못했다. 신나는 뮤직비디오 한 편 찍는 게 소원이었는데, 파업 덕분에 꿈을 이뤘다. 조합원들과 함께 〈MBC 프리덤〉 뮤직비디오를 만들어 유튜브 조회수 30만을 넘겼다. 그 공을 회사로부터 인정받아 정직 6개월 징계까지 받았으니 황송할 따름이다. 당시 어떤 드라마국 부장님이 이렇게 말씀하시더라.

"이번에 〈MBC 프리덤〉 만든 거 보니 연출이 많이 늘었더라."

드라마가 아니라 파업 홍보 영상으로 연출력을 인정받는 피디. 이거 웃어야 할지, 울어야 할지?

인생을 살며 로망 중에 하나가 《PD저널》에 칼럼을 연재하는 일이었다. 한국PD연합회에서 원고 청탁이 온다는 건 연출로 이름을 날렸다는 뜻이니까. 언젠가 '김민식 피디가 말하는 연출론', 혹은 '대박 드라마 제작 후기', 이런 글을 쓰고 싶었는데, 정직 6개월에, 대기발령에, 교육발령으로 당분간 드라마 연출이 요원한 상태에서 칼럼 청탁이 들어오니, 타이밍 한번 참 난감하다. 웃어야 할지, 울어야 할지?

내가 좋아하는 코미디 영화 가운데 최고의 장면은 〈인생은 아름다워〉 마지막 장면이다. 아들 조슈아를 살리기 위해 나치 수용소 생활을 숨바꼭질 놀이로 바꿔버린 귀도는 마지막에 숨은 아들이 보는 앞에서 독일 병사에게 끌려간다. 잡혀가는 아빠를 보고 숨바꼭질에서 이겼다는 생각에 아이는 환하게 웃고, 귀도 역시 장난스러운 웃음으로 화답하는데, 그걸 보는 관객은 눈물을 참기 힘들다. 예전에 《유태인의 유머》라는 책을 읽었는데, 상당수가 나치 수용소를 배경으로 만들어졌더라. 고난을 극복하기 위해 그들은 유머 감각을 갈고닦았나 보다.

힘든 시기가 계속될지라도 웃음을 잃지 말자고 다짐한다. 힘든 때일수록 웃음의 힘으로 버텨야 하니까. 웃어야 할지 울어야 할지 모를 때는 일단 웃고 보련다. 코미디 피디는 우리 시대의 광대다. 광대가 웃음을 잃어버리면, 희망은 어디에 있겠는가.

- 김민식, 〈웃어야 할지 울어야 할지〉, 《PD저널》, 2013.02.25.

세상을 바꾸려면 세상을 긍정하라

2012년 파업이 장기화되면서 노조 집행부 가운데 지병이 생긴 사람이 더러 있다. 지병 가운데 하나가 허리 디스크다. 로비 바닥에 앉아서 연좌 농성을 오래한 탓에 디스크로 병원 치료를 다니는 사람도 있었다. 템플스테이에 가서 스님과 차담을 나눌 때 여쭤봤다.

"장좌불와(잠잘 때조차 눕지 않고 앉아서 수행하는 것)하시는 스님들에게 디스크는 안 오나요?"

"스님들이 가만히 앉아서 명상만 하는 것 같지만 실은 운동을 많이 합니다. 산을 걷고요, 아침저녁 예불 때마다 108배를 하지 않습니까? 가만히 앉아 있는 것, 힘듭니다. 미리 108배 같은 운동으로 몸을 풀어줘야 합니다."

아침마다 늘 하던 108배를 파업 시작하고는 하지 않았다. 절을 할 때마다 자꾸 김재철 사장의 얼굴이 떠올라 마음이 산란해졌다. 스님께 물었다.

"절을 할 때 미운 사람 얼굴이 자꾸 떠올라 마음이 흐트러집니다. 미운 사람을 생각하며 그 사람 나가게 해달라는 절이 과연 수행일까요?"

"미운 사람이 생각나면 그 사람에게 감사하다는 절을 올리면 됩니다."

"네? 그분께 감사의 절을 올리라고요?"

"이렇게 생각하면 어떨까요? '나는 선배가 되어도 저렇게 행동하지 말아야지. 나는 나이가 들어도 저렇게 살지는 말아야지.' 그는 내게 교훈을 주는 사람입니다. 그런 사람을 불가에서는 역행보살이라 부릅니다. 미운 사람이 있다면 그 사람 덕에 내가 깨닫고 배우는 것에 감사한 마음으로 절을 하시면 어떨까요?"

하루에 가장 많은 시간을 보내는 공간이 회사고, 가장 자주 만나는 사람이 직장 상사인데, 그 시간이 괴롭고 그 사람이 밉다면 마음은 지옥이 된다. 직장 생활이 힘들 때 법륜 스님의 《행복한 출근길》을 읽으며 마음을 다잡았다. 2012년 대선이 끝나고 괴롭던 시절, 법륜 스님이 직접 독자를 만나는 자리가 있다기에 달려갔다. 스님께 이렇게 여쭈었다.

"제 직업은 드라마 피디입니다. 작년 한 해, MBC 노조 부위원장으로 파업에 앞장섰습니다. 그 바람에 구속영장 두 번, 정직 6개월, 대기발령 등 파란만장한 한 해를 보냈습니다. 저는 언론과 방송이 제자리를 찾는 것이 세상을 위해 꼭 필요한 일이라 생각했고 그렇기에 파업도 열심히 했습니다. 그런데 주위에서는 '저 사람이 다 늙어서 갑자기 좌파가 됐다. 40대 가장이 아이들이나 가정 생각도 하지 않고 철없이 노조 집행부가 됐다'고 말합니다. 나이가 들면 우파가 되고 보수가 되는 게 당연하다는 사람도 있습니다. 자신이 가진 기득권에 안주하고, 경제적·정치적 안정을 갈구하니까요. 2012년의 대선 결과를 보니, 제가 한 일은 아무런 의미가 없는 노력인가 싶어 괴롭습니다. 행복하게 살기 위해 일상에서 어떤 정치적 선택을 내려야 할까요?"

질문이 채택되어 강연장에서 스님께 직접 답변을 듣게 됐다.

"나이가 든다는 건, 하나둘 가진 게 늘어간다는 겁니다. 일자리도 생기고, 가족도 생기고, 집도 생기고. 그러기에 나이 든 사람은 안정을 원합니다. 수십 년을 쌓아온 인생이 갑자기 흔들리는 건 바라지 않죠. 반대로 젊은 사람은 가진 게 없습니다. 집도, 일도, 가정도. 집값은 비싸고, 일자리는 귀하고, 무엇이든 가지려면 지금 세상에 변화가 있어야 한다고 생각하죠. 나이 든 사람이 안정을 원하고, 젊은 사람이 변화를 바라는 건 자연스러운 이치입니다. 무엇이 옳고 그르냐를 떠나 서로의 입장 차 때문에 정치적 견해도 다를 수밖에 없다는 걸 인정해야 합니다. 인정하면 서로를 존중할 수 있게 됩니다.

나이 들어서 보수가 된다는 건, 세상이 좋아지고 있다는 뜻입니다. 어린 시절에는 먹고살기도 힘들고 다 같이 가난했는데, 이제 나이 들면서 세상이 더 좋아졌다고 생각하니까 변화보다는 안정을 원하는 것입니다. 젊은 사람들이 변화를 외치는 걸 보면, '지금 이 정도만 해도 참 세상 좋아진 건데, 그걸 모르네. 쯧쯧' 하는 거죠. 사회의 보수화는 어찌 보면 세상이 더 살기 좋아졌다는 것으로 해석할 수 있어요. 만약 갈수록 살기가 더 힘들어진다면 나이 든 사람도 '나 어렸을 때는 세상이 살기 좋았는데, 요즘은 이게 뭐야!' 하고 불만을 가질 수 있거든요. 그러니 중장년의 보수화를 반드시 부정적으로 볼 이유는 없습니다. 세상이 좋아졌다는 뜻이니까요.

세상을 바꾸려고 노력했는데 뜻대로 되지 않았다, 그래서 힘들다고 하셨는데요. 세상을 바꾸려는 노력이 어디에서 출발하느냐가 중요합니다. 세상을 긍정하느냐, 부정하느냐. 지금 살고 있는 세상을 긍정하고, 행복하다고 생각하지만, 그래도 더 좋은 세상을 만들었으면 좋겠다는 생각에 노력한 사람은 그 시도가 실패로 돌아가도 좌절하지 않습니다. '그래, 다음에 더 잘하면 되지, 뭐' 하고 가볍게 마음을 돌이킵니다.

그러나 세상을 부정하고 '이런 세상에서는 죽어도 못 살겠다. 괴로워서 못 살겠다. 반드시 바꿔야만 해'라고 마음먹은 사람은 그 시도가 실패하면 좌절하고 세상에 대한 원망과 분노만 쌓입니다. 이건 세상을 바꾸려고 노력하는 데 좋은 자세가 아닙니다. 우리는 우리가 살고 있는 세상을 긍정하고, 다만 더 좋은 세상을 만들기 위해 노력할 따름입니다. 그래야 상처가 깊지 않습니다."

스님의 말씀을 듣고 정신이 번쩍 들었다. 나는 딴따라 피디다. 내가 MBC 노조 집행부가 된 이유는 회사에 불만이 있어서가 아니다. 좋은 회사에 운 좋게 입사해서 행복하게 살았으니, 빚을 갚아야겠다는 마음에 노조 집행부가 됐다.

MBC 기자·피디·아나운서 들은 1,000대 1이 넘는 높은 경쟁률을 뚫고 MBC에 입사한 아주 운이 좋은 사람들이다. 그들은 체제 불만 세력이나 사회 전복 세력이 아니다. 입시와 공채 시스템에서 가장 혜택받은 사람들로서 더 좋은 회사를 만들어 좋은 세상으로 가는 데 보탬이 되고 싶었을 뿐이다. 그런 마음을 세상이 몰라준다고 해서 낙담할 이유가 없다. 그 열정을 기억하고 우리 마음 변치 않는다면, 언젠가 세상은 반드시 더 좋아질 테니까.

세상을 바꾸려면 세상을 긍정하는 데서 시작하라는 법륜 스님의 말씀에서 다시 버틸 힘을 얻었다.

마지막 엔딩은 우리가 먹는다!

2014년 11월 4일, 새벽에 잠에서 깼다. 너무 이른 시간이라 고민했다. 일어나 글을 쓸까, 책을 볼까, 절을 할까. 이도 저도 하지 못하고 한동안 번민만 했다. 글을 쓰면 날선 울분이 터져 나올 것 같아 차마 쓰지 못했고, 책을 보면 현실을 두고 도피하는 것 같아 비겁하게 느껴졌고, 108배 절을 하자니 수행도 수양도 안 될 것 같았다. 며칠 전 MBC에서 같이 일하던 피디나 기자 들이 농군 학교로, 사업 부서로 쫓겨났다. 이제 그들은 또 한동안 자문하고 자책하면서 힘든 시간을 보낼 것이다.

'내가 무엇을 잘못했을까? 내가 누구한테 잘못했을까?'

이 두 가지 질문을 품은 삶은 지옥이다. 우리는 공포영화에서 이 두 가지 질문을 만난다. 일본 영화 〈링〉에서 주인공은 묻는다.

'무엇을 했기에 죽었을까? 살려면 무엇을 해야 할까?'

미국 영화 〈스크림〉은 아예 공포영화 장르의 공식을 가지고 논다.

'사는 사람과 죽는 사람을 가르는 기준은 무엇일까?'

아주 악독한 살인마를 만나면 그런 기준은 의미 없다. 그냥 다 죽이니까.

〈스크림〉의 각본가가 쓴 〈나는 네가 지난 여름에 한 일을 알고 있다〉에서는 '내가 누구에게 무슨 짓을 했을까?'라는 질문을 끊임없이 되묻게 한다.

드라마 제작 사무실이 있는 일산 MBC 드림센터에서 근무하다가 상암동 신사옥으로 옮겼다. 상암동에 간 후로 한동안 웃음이 많이 줄었다. 평소에 나는 늘 웃고 다닌다. 실없이…….나처럼 우울하게 생긴 사람이 표정마저 울상이면 정말 봐주기 힘들다. 민폐를 끼치지 않기 위해, 늘 발랄하게 웃는 표정으로 다닌다.

상암 신사옥에 간 후 엘리베이터에서 같이 파업했던 동료를 만나 반갑게 인사했다. 살짝 당황하는 후배의 표정을 보고 잠시 의아했다.

'왜 그러지?'

아마 엘리베이터에 같이 탄 분 가운데 보도국 간부가 있었나 보다. 보도국 높은 분들의 얼굴을 모르는 나는 가끔 이런 실수를 한다. 그때 반성을 많이 했다.

'내가 반갑게 웃으며 인사하는 것이 누군가에게는 피해를 줄 수 있는 일이구나.'

그다음부터는 그냥 눈인사만 하고 지나간다. 가능하면 얼굴에 웃음기도 지우고 조용히 다녔다. 기가 죽어 어깨가 팍 꺾인 교양 피디나 기자 후배를 보면, (일산에서 근무하는 지난 2년 동안 못 만났던) 반가운 마음에 달려가 와락 안아주고, 등 한번 세게 두들겨주고 싶은 마음, 간절하다. 그러나 참는다. 그런 게 아마 전과자의 설움인가 보다.

그렇게 조용히 눈치 보며 살면 되는 줄 알았다. 바깥에서 '기레기' 소리를 들으며 손가락질받아도 그냥 참고 살면 되는 줄 알았다. 그런데 지난주에는 교양국이 없어지고, 이번 주에는 피디들이 농군학교 교육발령을 받았다. 파업이 끝난 지도 벌써 2년이 넘었는데, 이 집요한 복수는 끝이 나지 않았다.

공포영화에서 궁극의 공포는, 끝난 줄 알았던 영화가 끝나지 않는 것이다. 죽은 줄 알았던 살인마가 살아나는 일이다. 심지어 그들은 속편으로 돌아온다.

"끝난 줄 알았지? 아직 끝난 게 아니거든?"

그럴 때마다 관객은 몸서리치며 비명을 지르지만, 그래봤자 영화다. 불이 켜지면 간담 한번 쓸어내리고 극장을 나오면 그만이다. 내가 다니는 직장이, 내가 사랑하는 회사가 이런 끔찍한 공포영화의 한 장면처럼 변했다면 어떻게 해야 할까? 나는 답을 모르겠다. 답이 보이지 않을 때는 질문을 바꿔본다.

'무엇을 잘못했을까? 누구에게 잘못했을까?'라는 질문만 되풀이하면 공포영화의 주인공처럼 내내 쫓기게 된다. 《장하준의 경제학 강의》를 보니, 경제학은 이렇게 묻는 학문이란다.

'누가 이득을 보는가?'

질문을 바꾼다. 이런 발령을 내서 이득을 보는 사람은 누구인가? MBC를 망가뜨려서 이득을 보는 사람은 누구인가? 이런 상황을 견디지 못하고 MBC를 박차고 나가면 가장 기뻐할 사람은 누구인가? 자, 다시 답이 보인다. 무엇을 하든, 하지 말아야 할 것은 MBC를 포기하는 일이다. MBC에 대한 믿음을 버리는 일이다. 회사를 더 사랑해야겠다. 내가 더 오래 다닐 거니까. 그들보다 내가 더 오래 이곳을 지킬 테니까. 마지막 엔딩은 우리가 먹는다. "죽은 줄 알았지?" 하며 짠! 하고 나타날 것이다.

언젠가 꼭 돌아온다. 그때까지, 이 악물고 웃으며 버틴다. 난 다시 웃으며 회사를 다니기 시작했다.

긍정의 화신으로 살아가기

회사에서 내 별명은 '긍정의 화신'이다. 아무리 힘들고 괴로워도 항상 웃으며 다닌다. 어떤 분이 내게 《긍정의 배신》이라는 책을 권했다. 나 같은 '긍정의 화신'이 꼭 읽어야 할 책이라고. 끝없는 낙관 정신으로 무장하고 사는 내게 《긍정의 배신》은 신선한 충격이었다.

미국 출판계에 만연한 긍정주의 심리학 도서는 독자들에게 그릇된 현실 인식을 심어준단다.

'당신이 성공하지 못하는 이유는 당신의 부정적이고 수동적인 자세 때문이야. 세상을 긍정적으로 바라보면 당신은 성공할 수 있어.'

저자 바버라 애런라이크는 그와 같은 긍정주의에 일침을 가

한다. '시스템이 공정하지 못한데 개인의 노력 따위가 무슨 소용이야. 긍정주의는 경제적 불평등과 빈곤을 가리는 도구일 뿐이다. 2008년 미국발 금융 위기도 긍정의 마약에 취해 위기 신호를 감지하지 못한 탓이다'라고 말한다.

바버라 애런라이크는 저널리스트 출신 작가다. 직접 현장에서 취재한 내용을 바탕으로 책을 집필한다. 심각한 문제를 경쾌한 문체로 푸는 것 또한 바버라 애런라이크의 특기인데, 이 작가가 쓴 《노동의 배신》은 더욱 압권이다. 식당 웨이트리스나 호텔 메이드 등의 저임금 노동을 몸소 체험하고 그 경험담을 책으로 엮어냈다.

사람들이 가난한 이유가 근면하지 못한 탓이라고 생각하는 사람도 있다. 저자가 목격한 바에 따르면 가난한 사람일수록 더 부지런하다. 부지런하지 않으면 생계를 꾸릴 수가 없으니까. 가족을 부양하기 위해 겸업하는 이도 있다. 마치 회사원이 퇴근한 뒤 밤에 대리운전을 하는 것처럼. 이들은 주말에도 일을 나간다. 그렇게 열심히 일하고 아껴도 최저임금으로는 치솟는 물가와 집세를 따라잡을 수 없다.

가난하니까 보증금을 걸고 집을 구할 수 없어 결국 일주일 단위로 방을 빌리면서 비싼 방세를 문다. 매주 여관비가 나가니까 목돈을 마련할 여지가 없다. 격한 육체노동에 시달리고 주말에도 일을 하니 종일 피로하다. 누워도 너무 피곤해서 잠이 안 온다. 술에 의지해 잠을 청하니 건강은 날로 악화된다. 더 큰 문제는 미국은 의료보험료가 너무 비싸다는 점이다. 건강보험이 없어 병원을 자주 가지도 못하고 제때 검진도 못 받는다. 결국 작은 병을 큰 병으로 키우고, 약값으로 때울 것을 수술비로 막는다. 아무리 열심히 일해도 가난을 벗어날 수 없다는 것, 이것이 바로 《노동의 배신》이다.

2012년 파업 후, MBC에서 일어나는 일들이 내게는 '노동의 배신'이었다. 회사를 지극하게 사랑한 사람들이 여섯 달이 넘도록 월급도 포기하고 언론을 탄압하는 정권과 싸웠다. 반대로 부역자들은 조직이야 망가지거나 말거나 개인의 이익을 앞세우고 자리를 탐했다. 언론인으로서 사명감이 투철하고 직업적 윤리가 높았던 이들은 비제작부서로 쫓겨났다. 방송인으로서 윤리의식이 부족한 사람들이 조직에서 승진을 거듭했다. 그 광경을 보다 못해 퇴사를 선택한 이들도 많다. 나는 꿋꿋이 버텼다. 아니, 오히려 그럴수록 웃으면서 회사에 다니고, 복도에서 만나는 부역자들에게 "승진 축하드립니다!" 하고 능글거리며 인사를 건넸다. 이건 루쉰에게 배운 자세다.

《가라앉은 자와 구조된 자》 북 콘서트에서 서경식 교수는 이렇게 말했다.

"중국의 문호 루쉰은 자신의 어느 작품집 후기에 '질 나쁜 이기주의자들을 조금이라도 기분 나쁘게 만들기 위해 살고 있다'고 썼어요. 저도 몹시 공감합니다. 5·18 희생자들이 아직까지 시달리고 있는 어느 한편에서 전두환 같은 사람이 잘 먹고 잘살고 있다는 게 나는 불편하고 싫어요. 제가 일본에서 소수자로 살면서 그래도 포기하지 않고 살아온 이유가, 내가 미워하는 부정의한 나쁜 놈들을 조금이라도 기분 나쁘게 만들어주고 싶었기 때문입니다. 거기에 희망이 있는지 없는지는 다른 문제예요. 희망이 있든 없든 상관없이 자신의 길을 간다는 것이 루쉰이 내게 준 가르침입니다."

《긍정의 배신》을 읽고도 '긍정의 화신'으로 산다. 《노동의 배신》을 읽고, 양심을 지키며 일하는 기자와 피디 들이 쫓겨나지 않는 세상을 꿈꾼다. 회사에서는 항상 웃으면서 다닌다. 나쁜 놈들 기분 나쁘라고.

손석희 저널리즘의 출발선

주철환 선배가 내게 MBC에서 JTBC로 이직을 권유한 지 3년이 지났다. 그사이에 세월호 정국과 최순실 국정 농단 사태가일어나며 JTBC는 국민의 방송이 됐다. JTBC 뉴스의 화려한비상은 손석희라는 걸출한 언론인 덕분이다. 주간지 《미디어오늘》의 정철운 기자가 쓴 책 《손석희 저널리즘》은 이렇게 시작한다.

왜 나는 손석희의 저널리즘에 대한 책을 쓰겠다는 '무모한짓'을 감행해야만 했던가.
개국 이후 시청률·영향력·신뢰도에서 모두 바닥 수준이었던한 방송사가 한 사람의 보도책임자를 영입한 뒤, 3년 만에 동시간대 메인뉴스 시청률·영향력·신뢰도·선호도 1위를 싹쓸이한 사례가 세계적으로 있을까. 미디어 담당 기자인 내가 JTBC와 손석희에 주목한 건 자연스러운 일이었다.

- 정철운, 《손석희 저널리즘》, 메디치미디어, 4쪽.

정철운 기자는 손석희 저널리즘의 출발선이 '신군부 부역방송 아나운서'라고 말한다. 1987년 3월 8일은 주한미국대사관 앞에서 "장기집권 음모 분쇄", "박종철을 살려내라"고 외치며 분신을 시도한 노동자 표정두 씨가 사망한 날이다. 그날 MBC 《뉴스데스크》의 첫 꼭지 주인공은 흑두루미다. 리포트 제목은 "흑두루미의 번식과 이동에 대한 생태 조사"로, 앵커는 손석희였다. 1987년 민주화 운동 이후 MBC는 1988년 방송사상 첫 파업을 벌이고 공정방송 쟁취 투쟁에 나선다. 1990년 노조 집행부로서 농성에 나서던 손석희 아나운서는 당시 이런 말을 한다.

"부끄럽게도 역사의 반복을 믿는 우리는 6월 민중항쟁에 무임승차했다는 원죄의식에서 해방되기 위해서라도 싸움의 몸짓을 계속해야 합니다."

손석희가 일류가 된 비결은 무엇일까? 손석희의 가장 강력한 무기는 인터뷰다. 이 무기가 강력한 이유는, '이 인터뷰로 출세나 이득을 바라지 않는다'는 전제가 있기 때문이다. 아무

것도 얻으려 하지 않음으로써 언론인으로서 가져야 할 모든 것을 얻은 것이다.

JTBC가 손석희를 영입한 계기는 무엇일까? 이명박 정권의 방송 장악 이후 지난 몇 년간, 지상파 3사, 종편 4사, 보도채널 2사 등 총 아홉 개 채널의 뉴스 톤이 다 똑같았다. 2012년 대선 결과는 52대 48이었으나, 아홉 개 방송은 모두 52퍼센트의 국민만 대변하고 있었던 것이다. 48퍼센트에 속했던 사람들은 아예 뉴스를 보지 않거나, 대안 방송을 찾거나, 팟캐스트로 옮겼다. 이런 상황에서 48퍼센트를 대변하는 방송이 나오면 성공할 수밖에 없다.

하필 그때 김재철 이하 MBC 경영진이 라디오 최고 시사 프로그램《손석희의 시선집중》제작진을 핍박하고 괴롭히고 모멸감을 준다. 그 모습을 본 JTBC는 손석희를 불렀다. 망가진 MBC에서 나오라고. JTBC는 정치적으로 올바름을 추구했기에 손석희를 영입한 게 아니라, 틈새시장을 공략하는 자본의 속성상 일류 언론인 손석희를 스카우트한 것이다. 그 결정이 대박으로 이어졌다.

정철운 기자는 2012년 MBC 노조의 170일 파업을 취재했고 이후 MBC 내부 구성원들의 싸움을 지켜본 사람이다. 그가 책 끝에 남긴 김장겸 사장에 대한 평가가 눈길을 사로잡았다.

2017년 3월 새 사장으로 선출된 김장겸은 김재철 체제에서 보도국장과 보도본부장을 맡은 인물로, 그의 등장은 극우보수 세력의 대변자 역할을 자임해온 MBC의 존속을 의미했다. 김장겸 MBC 체제의 최종 목적은 MBC 정상화를 바라는 많은 시민들이 MBC를 욕하고 포기하게 만드는 것이다.

– 같은 책, 262쪽.

2017년 봄, 그의 책을 읽다가 전율했다. 나의 우려를 저자는 그대로 꿰뚫어보고 있었다. 당시 촛불 혁명 이후 많은 시민들이 MBC를 지켜보고 있었다. 검찰·재벌과 함께 3대 적폐세력 가운데 하나로 지목된 언론, 그중에서 지난 5년 동안 가장 큰 나락의 수렁에 빠진 MBC. 이제 우리는 무엇을 해야 할까? 안에서 싸움을 먼저 시작해야 한다. 바깥에서 도와주기를 바라면 안 된다.

1992년 《말》지와 인터뷰한 손석희는 노조에 대해 이렇게 말한다.

"왜 노조를 하는가, 이건 아주 단순한 문제입니다. 노조를 안 할 수 있는 명분이 없습니다. 직업인으로서 최소한의 양식, 소시민적 도덕성을 지키려고만 해도 노조 활동은 불가피합니다. 이게 우리 방송 현실의 비극인데, 거기에 국민의 눈과 귀를 대신한다는 우리 직업의 특수성이 더해집니다. 노조만이

유일하고 합법적인 선택이죠."

2012년 이후, MBC 노조를 망가뜨리기 위한 파상공세가 이어졌다. 노조를 무력화하기 위해 시용기자를 뽑고, 어용노조를 설립하고, 조합원들 핍박이 이어졌다. 직업인으로서 최소한의 양식과 도덕성을 지키려면 노조가 살아야 한다는 말에 정신이 퍼뜩 들었다. 노조를 지켜야 한다. 공영방송을 지키는 싸움의 주체는 노조다. 우리는 그 노조를 지키기 위해 싸워야 한다. 내가 노조를 위해 싸울 때, 노조도 나를 지킬 수 있다.

최후의 보루를 지키는 사람들

이명박·박근혜 정부 시절, 가끔 사람들에게 다음과 같은 질문을 받았다.

"왜 요즘 MBC는 예전만 못 할까요?"

나도 그게 참 궁금하다. 공영방송으로서 MBC의 위상이 예전만 못 하다. 10여 년 전만 해도 MBC는 공영방송으로 제 역할을 수행했다. 소유주가 있기에 내부 구성원이 경쟁력을 저하하면 바로 잘리거나 처벌받는 JTBC나 tvN과 다르다. 황우석 사건을 다룬 《PD수첩》만 해도 그렇다. 영리추구를 목적으로 하는 기업이면 그런 보도를 못 한다. 그 방송이 나가고 MBC는 1년 가까이 빈사상태에 시달렸다. 광고 수익이 급감하고 시청률이 폭락했다. 그럼에도 공영방송으로서 공공의 이익에 복무해야 한다고 믿었기에, 설령 대중의 미움을 산다 하더라도 그것이 진실이라면 말해야 한다고 믿었기에 방송을 내보냈다.

그랬던 MBC가 이명박·박근혜 정부 10년 동안, 망가진다. 공공재란 누구 한 사람만이 아니라 모두의 재산이란 뜻이다. 그러나 방송이라는 공공재인 MBC에 권력에 아부하는 정치부 기자를 사장으로 내정하고, 그 사장은 내부의 하수인들과 함께 MBC를 망가뜨린다. 그 대가로 겨우 보직이니 해외 특파원이니 하는 작은 콩고물을 얻어먹는다. 반대하면 해고시키고, 공영방송 정상화를 부르짖은 노조도 탄압한다.

《호모 이코노미쿠스의 죽음》을 읽다가 지난 몇 년 동안 공공재 몰락이 세계적인 현상이었다는 것을 깨달았다. '공공'이란 원래 아름다운 말이다. 생존, 행복, 자유, 품위 있는 삶 같은 관심사를 공유하는 사람들의 집합이다. 내 운명은 다른 사람들의 운명과 함께 묶여 있으므로, 모든 사람은 서로에 대한 책임을 나누어 가져야 한다는 뜻이다.

한때 '국가'와 '시민 사회'는 대중의 자치에 기반을 둔 공공의 수호자라고 생각되던 시절이 있었다. 불행히도 오늘날 그 두 가지 모두 공공의 적을 자처한다. 현대 사회가 신자유주의적 경제이론에 기반을 둔 이기적이고 잔혹한 개인주의자들의 천국이 되어버리면서 '공공의 이익'에 관련된 모든 것은 아예 설 자리를 잃어버렸다.

- 피터 플레밍, 박영준 옮김, 《호모 이코노미쿠스의 죽음》, 한스미디어, 29쪽.

영국 경제학자가 쓴 책을 통해 나의 지난 10년을 설명할 수 있을 줄 몰랐다. 이것이 책의 효용이다. 생각지도 못한 곳에서 고민의 답을 찾는다. 2012년에는 정치권이 왜 귀중한 공공재인 공중파 방송을 망가뜨리는 데 앞장서는지 이해할 수 없었다. 공영방송 정상화를 위해 노력하는 내게 대한민국 검찰이 왜 징역 2년형을 구형하는지 알 수 없었다. 파업에 나선 MBC 노동자들을 조롱하는 이들도 있었다. 보수 진영이 아니라 진보의 가치를 믿는 시민들이었다.

"니들이 싸우거나 말거나 신경 안 쓴다. 이제는 MBC 안 본다. 우리에게는 《나꼼수》와 JTBC 뉴스가 있으니까."

공공재가 무너져도 신자유주의 세상에서는 아무도 신경 쓰지 않는다. 대체하는 더 멋진 자본재가 있으니까. 그것이 종편이든 케이블이든 유튜브든 팟캐스트든.

저자가 책에서 "파괴의 경제학"이라고 이름 붙인 현상이 있다. 2008년 세계 경제 위기 이후 기업과 정부가 확산시킨 정책이다.

첫째, 그들은 공동체 기반의 자원이나 경제적 활동을 포획하고 점령하는 데 중점을 둔다. 공공은 지난 20년 동안 기업들이 점령해온 사회의 영역들 속에서 마르지 않고 남아있는 가치의 마지막 저수지다.

둘째, 기업과 국가는 약탈의 의식을 철저히 통제하고 보호한다.

셋째, 경제적 수탈의 시대에서 모든 민주적 요소는 심한 경멸과 무시의 대상이 된다. 국가와 기업이 오늘날처럼 민주주의에 노골적인 증오를 드러낸 적은 없었다. 정부는 민주주의를 질병과 같이 기피하며, 이를 얄팍한 구경거리로 만들어버린다. 이는 2016년 영국의 EU 탈퇴 국민투표나 미국의 대통령 선거에서 극명하게 드러났다. 허구적 사실을 강요당하는 군중보다 더 심하게 권리를 침해당하는 사람들은 없다.

넷째, 파괴의 경제학은 자신이 불러온 위기의 부정적인 효과를 통해 수익을 창출한다. 1930년대의 글로벌 지배 계급이 대공황에 따른 경제 침체 속에서 거의 몰락했던 반면, 현대의 자본가들은 오히려 금융 위기를 틈타 착취, 포위, 독점 및 과점 등 다양한 수법으로 엄청난 부를 쌓아올렸다.

결론적으로 파괴의 경제학은 민주적 책임의식을 저버린 엘리트들이 주도하는 체제다. 그들은 입으로는 성장과 일자리를 떠들어대면서도, 부도덕한 테크노크라트들과 폭력적인 권력가들의 보호하에 공공 영역에서 피를 빨아내는 데 혈안이 되어 있다.

- 같은 책, 75~80쪽 일부 요약.

왜 공공재를 공격할까? 사유재산은 빼앗을 수 없으니까. 신자유주의 체제하에서 이미 대부분의 자본은 재벌에 넘어갔다. 그러니 주인 없는 공공재의 재산을 팔아먹는다. 이명박 정권하에서 4대강 사업으로 수자원공사가 빚을 지고, 자원외교 결과 포스코의 자산이 날아가고, 언론장악으로 공영방송사가 망가졌다.

"부도덕한 테크노크라트들과 폭력적인 권력가들의" 공조 체제 안에서 망가져버린 MBC. 이것이 지난 10년 동안 공영방송 MBC가 무너진 내막이다. 공공재를 제대로 지키지 못한 책임을 통감한다. MBC의 재건, 결코 쉬운 일이 아니다. 시스템을 복구하고, 공영성을 회복하고, 신뢰를 잃어버린 조직이 다시 일어나기까지 시간이 걸릴 것이다. 그 와중에도 바깥에서는 계속 빈정거림이 들려올 것이다. "공영방송, 필요 없다"고. 힘들고 고될지라도 가야 한다. 공공재를 지켜야 한다. 돈 없고 힘없는 사람들을 지키는 최후의 보루가 공공재여야 한다. 지금 이 순간에도, 무너진 공영방송을 살리기 위해 힘쓰는 모든 사람을 응원한다.

슈퍼 히어로를 만드는 방법

2012년 파업이 끝난 뒤에는 드라마국에서 몸을 납작 엎드려 지내고 있었다. 후배들이 하기 싫어하는 일일 연속극 연출에 자원하거나, 주말 연속극 야외 연출로 일하기도 했다. 미니시리즈를 만들고 싶어 하는 피디는 많아도, 연속극을 하고 싶어 하는 이는 없었다. 나는 사람들이 하지 않는 일을 하면서 버티면 된다고 생각했다.

2015년 가을, 드라마국에서 쫓겨나 주조정실로 발령이 났다. 이상했다. 드라마국에서는 굳이 나를 쫓아낼 이유가 없었다. 기자나 교양 피디라면 취재 아이템 선정이나 기사 내용에 회사가 껄끄러울 수 있다. 그런데 나는 연속극 연출이다. 노조 조합원이라는 성향이 방송에 영향을 미칠 일이 없다. 굳이 쫓아낼 필요 없이 부려먹으면 된다. 내가 쫓겨나면 내가 하던 궂은일은 다른 후배가 맡아야 한다. 이해할 수 없는 결정이었다. 그때 회사에서는 이런 소문이 돌았다.

'차기 사장으로 유력한 보도국 임원이 김민식을 그렇게 미워한다더라.'

그 임원은 정치부 기자 출신이라고 했다. 정치권에 줄을 대고 있어 사장 선임에도 영향을 미치고, 그렇기에 편성 피디 출신인 당시 안광한 사장도 그 임원의 눈치를 살핀다고 했다. 2012년 대선에서 MBC 보도를 망가뜨린 공로를 인정받았기에 이대로 가면 그 임원은 MBC 사장을 거쳐 훗날 보수여당의 정치인으로 출마할 것이라 했다. 정치에 줄을 댄 기자가 피디로서의 내 명줄을 자르는 것을 보고 정치가 얼마나 중요한 일인지 새삼 깨달았다.

그 시절,《뉴스타파》에 과학책을 소개하는 칼럼을 연재하는 중이었다. 나는 2016년 4월 총선을 앞두고 이런 글을 기고했다.

SF 마니아로서 나는 슈퍼 히어로 영화를 좋아하는데, 안타깝게도 현실에서 슈퍼 히어로를 본 적은 없다. 텔레비전 시청자들은 순정남이 나오는 드라마를 좋아하는데, 현실에서 가난한 이혼녀를 짝사랑하는 재벌 2세 순정남을 찾기가 쉽지 않듯이.

스웨덴에서 발표한 한 논문에 따르면, 조사 대상 가운데 대부분의 사람들은 지금껏 성관계를 맺은 상대가 한두 명에 불과했지만, 1,000명이 넘는 상대와 관계를 가진 '카사노바' 남성이나 상대가 100명에 이르는 여성도 극소수지만 존재한단다. 자, 여기서 SF다운 상황을 하나 상상해보자. 성관계로만 전염되는 치명적인 바이러스가 있고, 하필 문란한 '카사노바'가 '슈퍼 전파자'라면, '메르스 사태' 버금가는 국가적 재앙이 일어날 수도 있다. 이런 위기는 슈퍼 히어로가 나서도 해결이 어려울 것이다. 배트맨이나 슈퍼맨이라도 카사노바를 찾아내거나 성관계를 단속하긴 쉽지 않을 테니까.

알약 한 알만 먹으면 바이러스가 치료되고, 또 평생 감염 위험이 사라지는 백신을 개발했다고 생각해보자. 이제 관건은 백신의 효과적인 배포다. 서울역 앞에 나가서 지나가는 시민 100명에게 약을 나눠주는 것은 의미가 없다. 배우자와 주로 관계를 하는 대다수의 일반인은 어차피 바이러스 감염 위험 자체가 낮은 사람들이니까. 100명 이상과 성관계를 하는 남녀 카사노바를 찾아내어 그들에게 약을 먹이는 게 해결책이다. 어떻게 해야 할까?

이 가상의 위기를 해결하기 위해서라면, 슈퍼 히어로가 아니라 통계물리학자를 찾아야 할 것 같다. 이 이야기는《세상물정의 물리학》에 나오는 사례다. '많은 입자들이 상호 작용하는 물리계의 거시적인 집단 현상'을 연구하는 김범준 박사, 그는 일상생활에서 우리가 만나는 여러 문제에 대해 재미난 통찰을 제시한다. 그에 따르면, 카사노바에게 약을 먹이는 방법은 간단하다. 서울역 앞을 지나다니는 사람들에게 예방약을 한 알씩 나눠주며 단서를 하나 붙인다. "죄송하지만 그 약은 직접 드시지 말고, 성관계를 맺는 상대방에게 드리세요."

> 카사노바는 극소수라 서울역 앞에서 직접 그 약을 받아갈 확률은 낮다. 하지만 카사노바와 성관계를 맺는 상대방은 워낙 많으니, 그 많은 상대방 가운데 하나가 서울역 앞에서 그 약을 받아갈 확률은 상당히 높다. 마구잡이로 나눠줘도 그렇게 받아간 약이 그날 밤 카사노바에게 전달될 개연성이 아주 높다는 말이다.
>
> - 김범준, 《세상물정의 물리학》, 동아시아, 74쪽.

이 책을 읽고, 나는 슈퍼 히어로를 만들 수 있는 방법을 생각해냈다. 세상을 구할 수 있는 초능력을 안겨주는 알약을 개발하면 된다. 다만 이 약은 한 알만 먹어서는 힘이 생기지 않는다. 적어도 50알 이상을 먹어줘야 초인적인 힘이 발휘

된다. 이 약을 100명의 시민에게 나눠준다. 그리고 이렇게 말한다.

"이 약을 직접 드시면 효과가 없습니다. 당신 주위에 가장 현명하고, 가장 선하고, 가장 정의로운 사람에게 이 알약을 전해주세요."

가장 많은 사람들이 선택한 사람이 곧 세상을 바꿀 수 있는 힘을 얻게 된다. 눈치 챘겠지만 이것은 현실에 존재하는 약이다. 바로 우리가 4년에 한 번씩, 5년에 한 번씩 행사하는 투표권 말이다.

우리 한 사람 한 사람은 슈퍼 히어로도 아니고, 정의의 용사도 아니다. 세상을 구할 힘도 없고, 자신도 없다. 나 혼자의 힘으로 세상을 바꿀 수 없기에, 모든 사람에게 공평하게 표를 한 장씩 나눠준다. 세상을 더 좋은 곳으로 만들어줄 사람에게 표를 주라고. 그가 주어진 힘을 잘 활용한다면, 굶주리는 어린이에게 밥을 먹이고, 병든 노인을 치료하며, 죽어가는 아이들을 살려내고, 이 땅에서 전쟁을 막고 평화를 지킬 것이다. 우리가 바라는 슈퍼 히어로가 하는 일이란, 곧 정치인이 할 일이니까.

우리 한 사람 한 사람이 슈퍼 히어로가 될 수는 없지만, 세상을 더 나은 곳으로 바꿔줄 슈퍼 히어로를 만들어낼 수는 있다.

4월 13일, 우리에게 주어진 표 한 장의 의미는, 바로 이것이다.

- 김민식, 〈카사노바와 슈퍼 히어로〉, 《뉴스타파》, 2016.03.23.

사람이 되긴 힘들어도, 괴물은 되지 말자

파업 이후 종종 이런 질문을 받았다.

"오랜 세월 잘나가던 MBC에 낙하산 사장이 하나 왔다고 그렇게 망가진다면, 그것도 문제 아닌가요?"

뼈를 때리는 질문이다. 구차한 변명 말고는 답이 없다.

"88 올림픽 때문입니다."

1988년 올림픽을 유치했을 때, 방송가에서는 난리가 났다. 공영방송사인 KBS와 MBC가 올림픽 주관방송사로 전 세계에 송출하는 중계영상을 만들어야 하는데, 인력이 부족했다. 1984년 급하게 평소 공채 인원의 세 배수를 뽑았다. 올림픽 공채 기수가 1990년대 방송 민주화 투쟁의 주축이었고, 훗날 MBC의 전성기를 이끌었다. 그들 중에는 유독 스타 피디나 유명 기자가 많았다.

워낙 인원이 많았던 탓에 기수 내 승진 경쟁이 치열했다. 한 해 전에 입사한 선배들은 때가 되면 부장·국장을 달았는데, 이들은 진급이 쉽지 않았다. 시청률과 여론에 민감한 직업인 탓에 피디나 기자의 역량에 격차가 두드러진다. 현역 시절에 별 볼일 없던 기자나 피디가 데스크를 맡으면 기획력이나 조직 장악력에 한계가 드러난다. 이 탓에 젊어서 빛을 보지 못하면 승진에서 밀리는 경우가 많았다.

보통 직장에서 잘나가지 않으면 어떻게 생각할까? '아, 내가 능력이 부족한 탓에 물먹었나 보다'라고 스스로를 돌아볼까? 아니면, '내 능력이 얼마나 뛰어난데, 저놈들은 내게 기회를 주지 않네?' 하고 세상을 원망할까? 후자가 의외로 많다. 올림픽 방송 입사 동기들이 부장을 달고 국장으로 올라야 할 시기가 하필 김대중·노무현 정부 시절이었다. 그들은 진보 정부의 코드 인사 탓에 자신이 배제되었다고 생각했다. 기회를 주지 않는 회사를 원망하고, 자신을 추월한 잘난 후배들을 증오하며 속으로 칼을 갈았다.

세상이 바뀌고 이들 앞에 메시아가 나타났다. 《PD수첩》 광우병 관련 보도로 홍역을 치른 이명박 대통령은 MBC를 손보기 위해 낙하산 사장을 보냈다. 존재감 없이 정치판만 기웃거리던 양반이 말년에 사장 자리를 꿰차는 모습에 희망을 발견한 이들이 있었다. 줄을 지어 김재철 앞으로 달려갔다.

'그동안 후배들이 저를 무시했는데, 기회를 주시면 제가 조직을 길들여보겠습니다.'

그들은 말 안 듣는 후배들을 험지로 내쫓고 잘난 후배들을 자르며 가슴에 사무친 원한을 풀었다.

앞서 언급했듯이 노조가 만든 MBC의 조직문화에는 실패하거나 뒤처지는 사람을 버리는 법이 없다. 다 품고 간다. 개인의 경쟁력이 부족해도, 도덕적으로 문제가 조금 있어도, 사람을 함부로 자르지 않는 MBC. 불행의 씨앗은 온정주의 문화 속에서 태동했을까? 해고가 쉽지 않은 덕분에 목숨을 부지하던 이들은 세상이 바뀌자 정권에 부역하기 위해 노조 탄압에 앞장섰다. 은혜를 원수로 갚는 이들이 나타났다.

김재철이 임원 인사를 할 때마다 듣도 보도 못한 이들이 국장과 본부장이 되었다. 사람들은 어디서 저런 사람을 찾아냈냐며 혀를 내둘렀다. 김재철은 자신의 인사 원칙에 대해 이렇게 말했다.

"나는 쓰레기장에서 보석을 찾아낸다. 다른 사람들이 못 쓴다고 버린 폐기물 속에서 인재를 찾아낸다."

쓰레기장에서 찾았다면 보석일 확률이 높을까, 쓰레기일 확률이 높을까?

MBC에는 스타 언론인이 많다. 그들은 국장이나 본부장이라는 보직을 받아도 고마워하지 않는다. 열심히 일해 명성을 얻었으니, 언젠가는 임원이 되는 게 당연하다고 생각한다. 하지만 변방에 머물던 이들이 높은 자리를 받으면 충성을 맹세하는 심복이 된다. 이게 조직을 망치는 지름길이다.

흔히 최고의 상사는 '똑게(똑똑하지만 게으른 상사)'이고 최악의 상사는 '멍부(멍청하지만 부지런한 상사)'라고 한다. '똑게'와 '멍부'는 어떻게 만들어질까? 20~30대 시절에 치열하게 일하며 스타 피디로 이름을 날리던 사람은 본부장 자리에 앉으면 게으른 리더가 된다. 20대 시절부터 그는 혼자 알아서 일했다. 어차피 일은 현업 피디가 알아서 한다고 생각해서 본부장이 되어도 후배들에게 제작 자율성을 보장해준다. 반대로 능력이 떨어져 제대로 일해본 적이 없는 사람은 나이 50에 뒤늦게 찾아온 기회에 최선을 다한다. '멍부'는 일을 스스로 한 적이 없다. 그래서 남들도 쪼아야만 일한다고 생각한다. 피디를 제치고 제작사를 직접 만나 편성을 내준다. 말도 안 되는 기획을 가져와 후배에게 지시를 내린다. 후배가 난색을 표하면 '저놈은 원래 나를 무시했다'며 변방으로 내쫓는다. 가슴에 한을 품고 살면 괴물이 되기 십상이다.

주조정실에서는 드라마 테이프 입고 시간을 확인하는 것이 주요 업무 가운데 하나였다. 드라마 제작은 일정이 촉박하기에 방송 시간 전에 겨우 입고하는 경우도 있는데, 그마저 늦으면 방송 사고가 난다. 몇 시까지 완제가 나오는지 편집실에 전화해 수차례 입고를 확인했다.

한번은 드라마를 입고하기 위해 테이프를 건네주던 조연출 후배가 나를 보더니 눈이 휘둥그레졌다.

"선배님이 왜 여기에 계세요?"

나는 머쓱하게 웃었다. 후배의 눈에 눈물이 그렁그렁 맺혔다. 연출 인력이 부족해 밤을 새워 일하는 곳이 드라마국이다. 피디 한 사람이 편성으로 쫓겨나면 드라마국 입장에서도 그만큼 인력 손실이 크다. 그럼에도 드라마국에서 부당한 인사에 문제를 제기한 적이 없었다. 평피디 회의에서 언급조차 되지 않았기에 내가 유배지로 발령 난 사실을 모르는 이도 많았다. 나는 조직을 위해 싸웠다고 생각했는데, 정작 나를 지켜주는 조직은 없었다.

주조정실에 근무할 때 내가 송출하는 MBC 드라마를 보기가 힘들었다. 드라마가 재미없으면 화가 났다.

'저렇게 만들 거면 차라리 내게 맡기지.'

잘 만든 드라마를 봐도 화가 났다.

'나도 기회만 주면 저렇게 만들 수 있는데.'

물론 턱없는 소리다. 그만한 능력은 이제 없다. 그렇지만 그런 오기로 스스로를 지켜야 했다. 내가 주조정실로 쫓겨난 후, 2년 동안 여덟 명의 드라마 피디가 MBC를 나갔다. 빈자리는 외주 연출이 메웠다. 수백억의 제작비를 지원해 육성한 감독인 내게는 송출 업무를 맡기고, 정작 연출은 외부에 돈을 주고 데려왔다. 그들이 만드는 드라마를 보면서도 울분이 치밀었다. 어느 날 깨달았다.

'아, 이렇게 살다가는 나도 괴물이 되겠구나……'

올림픽 기수 중에 회사 업무에서 밀려난 이들이 세상이 바뀌자 괴물로 변해 후배들에게 달려들었다. 내가 그렇게 변할까봐 너무 두려웠다. 회사를 향해 분노를 키울 게 아니라 마음을 다스려야 했다. 이러다가 MBC에서 잘릴 수도 있었다. 이 나라에서 나를 받아주는 곳이 아무 데도 없을 수도 있었다. 그렇다면 다른 나라에서 기회를 찾아야겠다는 생각에《중국어 첫걸음의 모든 것》이라는 책을 사서 본문에 나오는 회화를 싹 다 외웠다. 중국어 공부는 괴물이 되지 않기 위해 주조정실에서 겨우 찾은 돌파구였다.

낯선 이들의 작은 호의와 응원

2014년 가을, MBC 선배이자 해직 언론인인 박성제 선배가 낸 책을 온라인 서점에서 주문했다. 주말 동안 읽으려고 토요일 저녁에 잠깐 책을 펼쳤다. 책에 무섭게 빨려 들어갔다. 원래 박성제 기자가 생각했던 제목은 "누가 나를 MBC에서 잘랐나?"였다는데, 그 제목도 어울릴 것 같다. "누가 그를 죽였나?" 같은 미스터리 추리 소설처럼 박진감 있게 전개된다. 당시에 늦둥이 둘째를 재우느라 늦게 잠이 들었다. 그런데도 일요일 새벽 네 시에 눈이 번쩍 떠졌다.

'그래서 그다음은 어떻게 됐지?'

책벌레 인생에 이렇게 몰입도 높은 책은 또 간만이다.

골프 잘 치고 술 잘 먹던 '한량 기자'가 어느 날 덜컥 파업

배후로 몰려 해고됐다. 어쩌다 보니 해직 기자, 울분을 달래려고 취미로 목공을 시작했다. 식탁을 짜고, 와인 장을 만들고. 어라, 해보니 재미있네? 평생을 오디오 마니아로 살았던 그는 자작 스피커에 도전한다. 그 결과 수제 스피커 '쿠르베'를 만든다. 책을 읽는 내내 가슴이 쿵쾅거렸다.

재미난 책을 읽으면 누군가에게 그 책 이야기를 하고 싶어진다. 블로그에 독서 일기를 남겼다. 그러고도 가슴에 두근거림이 멈추지 않아 거실을 혼자 서성이다가 안방에서 자는 아내를 깨웠다.

"부인, 어제 말한 그 책 있잖아. 지금 다 읽었거든. 몰입도 완전 죽여. 그래서 하는 말인데, 나 지금 그 선배 좀 만나고 와야겠어."

일요일 오전 일곱 시에 차를 끌고 박성제 선배를 찾아갔다. 등산로 초입에서 만난 선배를 보자마자 다짜고짜 와락 껴안았다.

"형, 책 잘 봤어요. 난 선배가 해직 기자로 산 지난 3년의 세월에 대한 책을 낸다기에 울분으로 가득 찬 책인 줄 알았거든? 그런데 정말 유쾌하게 쓰셨더라고요. 보면서 형의 상황에 마음이 막 아픈데, 그런데 형이 사는 모습은 또 너무 멋있는 거야. 아, 정말 이런 책 완전 처음이야."

MBC에서 해고된 후, 목공을 배우며 대패질과 사포질로 세상에 대한 울분을 삭이던 박성제 선배는 죽이는 디자인의 수제 스피커를 만든다. '어라, 주위 반응이 괜찮네? 이걸 만들어 팔아볼까?' 하는 생각에 해직 기자는 영세 사업자가 된다. 스피커 부품 몇 가지를 구입하기 위해 지하철을 탔다. 어떤 남자가 커다란 가방을 들고 들어와 물건을 팔기 시작했다. 박성제 선배는 그 장사꾼이 초보라고 생각했다. 말을 더듬지는 않지만 경험 많은 잡상인 특유의 운율이랄까, 멘트에 노련한 맛이 전혀 없었다고. 어쩌면 회사가 망하거나 정리 해고를 당했을지 모른다고 생각하니 해직자 처지로서 마음이 울렸다. 돈을 건네고 물건을 사는 그에게 장사꾼이 갑자기 물었다.

"저, 혹시 MBC 기자분 아니신가요?"

"네? 마, 맞는데요."

"인터넷에서 봤습니다. 김재철 사장에게 해고당한 기자 맞죠? 용기 잃지 말고 힘내십시오! 응원하겠습니다."

문득 박성제 선배는 그런 생각이 들었다. 그래도 나는 노조로부터 생계지원을 받는 입장인데, 내가 저분에게 응원을 받아도 되나, 하고. 며칠 뒤 주말, 박성제 선배는 다른 해고자들과 함께 남산에서 열린 노조 행사에 참여했다. 100여 명이나 되는 후배와 함께 해고자들이 남산을 걸어 올랐다.

진행자가 해고자들에게 한마디씩 하라면서 마이크를 넘겼다. 그때 박성제 선배는 지하철에서 만난 사람에 관해 이렇게 말했다.

"오늘 이 자리는 여러분이 해고된 저를 위로하기 위해 마련한 자리입니다. 하지만 저는 오히려 여러분을 위로하고 싶습니다. 저는 그럭저럭 잘 지내고 있습니다. 이제 기자가 아니라 시청자가 됐거든요. 형편없는 MBC 뉴스 보면서 혀만 끌끌 차면 됩니다. 하지만 여러분은 MBC 안에서 망가져가는 조직의 고통을 감내해야 하고, 권력에 굴종하는 더러운 세력과 싸우다가, 그러다 징계까지 받으면서 버텨내야 합니다. 후배 여러분이 저보다 훨씬 더 어렵고 힘든 상황이라는 것 잘 알고 있습니다. 지하철에서 만난 그분이 제게 했던 말, 그대로 제가 여러분께 돌려드리겠습니다. 저를 위로하지 마세요. 제가 위로하겠습니다. 여러분 힘내십시오, 늘 응원하겠습니다."

행사를 마치고 돌아가던 길에 한 후배가 다가와서 내 손을 잡았다.

"박 선배, 아까 연설 정말 감동적이었어요. 눈물 날 뻔했다니까요. 힘낼게요."

– 박성제,《어쩌다 보니, 그러다 보니》, 푸른숲, 247, 248쪽.

여기 등장하는 후배가 바로 나다. 힘든 시절, 해고자를 응원하는 조합 행사에 갔다가 선배의 발언을 듣고 눈시울이 붉어져 선배의 손을 덥석 잡았는데, 그게 또 책 속에 나왔다. 지하철에서 박성제 기자를 응원한 누군가의 따뜻한 한마디가 힘든 시절을 지나던 조합원들에게 위로와 감동을 주고, 다시 책 속에 소개되어 독자들의 마음에 큰 울림을 주었다. 세상은 이렇게 낯선 이들의 작은 호의로 굴러간다.

복수는 버티는 자의 것이다

서울 국제도서전에 갔다가《한자와 나오키》를 발견하고 엄청 반가웠다. 일본에서 대히트한 드라마의 원작인 이 책의 저자 이케이도 준은 은행원으로 일하다가 글을 쓰기 위해 퇴사한 사람이다. 그가 쓴《은행원 니시키 씨의 행방》은 은행 내부 사정에 밝고 정교한 묘사가 압권이다. 이후《하늘을 나는 타이어》도 재미있게 읽었는데, 정작 그의 대표작인《한자와 나오키》가 국내에 소개되지 않아 아쉬웠다.《한자와 나오키》1권 〈당한 만큼 갚아준다〉에는 이런 장면이 나온다.

"분식회계라고?"
다음 날 아침, 재무 분석 결과를 보고한 한자와를 향해 아사노는 노골적으로 불쾌한 표정을 지었다. 심정은 이해한다. 최악의 결과다. 아사노는 신하로부터 듣기 싫은 소리를 들은 폭군처럼, 사실 자체보다 그것을 보고한 사람에게 분노를 표출했다.

– 이케이도 준, 이선희 옮김,《한자와 나오키》1권, 인플루엔셜, 55쪽.

드라마 피디로 일하며, 나는 현장에서 화를 내지 않으려 최선을 다한다. 누군가 나쁜 소식을 가져왔을 때, 절대로 메신저에게 분을 풀면 안 된다.

"감독님, 배우 ○○○ 씨가 오늘 못 온다는데요?"

"뭐야, 이 자식아? 넌 스케줄 관리를 어떻게 한 거야?"

잘못한 사람이 누구인지 파악하기 전에 당장 눈앞에 있는 사람에게 화를 내면 아무도 내게 나쁜 소식을 전해주지 않는다. 주위에 입바른 충언을 하는 사람도 사라진다. 결국 아무것도 모르는 고독한 폭군만 남는다. 내 행동에 아무도 잘못을 지적하지 않는다면 내가 완벽한 상사라서 그런 게 아니라, 포악한 리더가 되었기 때문이다. 사람들이 직언을 꺼리는 것은 공포심 때문이다.

은행의 가장 나쁜 점은 이 세상에서 은행이 제일이고 은행원이 아니면 먹고살 수 없다고 공포심을 부채질하는 거지.

- 같은 책, 332쪽.

직장생활의 가장 나쁜 점이다. 바른말하면 쫓겨나고, 나가면 죽는다고 겁을 준다. 그렇게 겁을 주면, 입을 다문다. 조직이 망가지는 지름길이다. 드라마 《체르노빌》을 보라. 거짓의 대가가 무엇인지, 양심적인 과학자의 입에 재갈을 물린 결과가 무엇인지 알 수 있다. 2012년 MBC 경영진은 해고를 남발했다. 그 기준은 앞장서서 싸우느냐, 뒤로 빠지느냐였다. 앞장서서 싸운 사람을 본보기로 자르면, 굴복하고 복종하는 사람만 남는다. 방송사에 입사해 기자로, 피디로 자부심을 가지고 살던 사람들의 꿈을 죽인 것이다.

세상에서 은행을 어떻게 말하든, 그곳에 취직해서 열심히 일하는 사람들은 은행에 인생을 걸고 있다. 피라미드형 구조의 당연한 결과로써 승자가 있고 패자가 있다는 사실은 알고 있다. 하지만 그 패인이 무능한 상사의 지시에 있고 그것을 모르는 척하는 조직의 무책임함에 있다면, 이것은 한 사람의 인생에 대한 모독이라고 할 수 있지 않을까. 우리는 이런 조직을 위해 일하는 게 아니다. 이런 조직을 만들고 싶었던 것도 아니다.

- 같은 책, 333쪽.

누군가 내 업을 빼앗고, 내가 사랑하는 조직을 망가트린다면 어떻게 해야 할까? 책 뒤표지에는 이런 글이 있다.

"부당한 갑질은 참지 않는다. 부정한 비리는 밝혀내고야 만다. 싸움을 걸어온 자는 끝까지 무릎을 꿇린다."

밉살스러운 상사에게 어떻게 복수를 해야 할까? 내가 찾은 답은 《한자와 나오키》 2권의 제목이다.

"복수는 버티는 자의 것이다."

직장에서 괴롭힘을 겪는 분이 블로그 방명록에 질문을 남겼다.

"피디님은 회사에서 힘든 시간을 어떻게 버티셨나요?"

이런 질문을 받으면 고민이 된다. 아내는 나에게 함부로 고민상담하지 말라고 충고한다. 한 사람의 고민의 깊이를 타인이 감히 재단할 수도 없고 또 내가 그만한 그릇이 아니라고. 답할 능력은 없지만, 뭐라도 도움을 드리고 싶다. 직장 생활이 힘들 때 나는 어떻게 하는가?

첫째, 회사일과 별개로 즐거운 취미를 찾아본다. 그것은 이미 잘하는 일일 수도 있고, 앞으로 잘하고 싶은 일일 수도 있다. 잘하는 일을 할 때는 자부심을 느끼고, 잘하고 싶은 일을 할 때는 성장하는 보람을 느낀다. 내 경우에는 첫 직장에서 영업사원으로 일할 때 많이 힘들었다. 그래서 저녁에 영어 학원을 다녔다. 학원을 다니면 학원비를 지원해주더라. 회사가 주는 괴로움이 크니까, 금전적인 보상이라도 더 타내야 괴로움이 상쇄될 것 같아 피곤한 몸을 이끌고 영어 수업을 들었다. 영어로 잘난 척하니, 우울을 잊을 수 있었다. 영어는 이미 잘하는 것이었고, 못하지만 잘하고 싶은 건 수영이었다. 밤에는 영어 학원, 아침에는 수영 강습을 다녔다. 수영을 전혀 하지 못했는데, 조금씩 늘어가는 게 재밌었다. 괴로울 땐 조금이라도 즐거운 일을 찾아본다. 독서, 여행, 외국어 공부, 다 그렇게 찾아낸 취미다.

둘째, 직장 밖에서 사람을 만난다. 그는 '내가' 좋아하는 사람일 수도 있고, '나를' 좋아하는 사람일 수도 있다. 책을 읽고 좋아하는 작가가 생기면 그의 강연을 쫓아다니고, 그가 출연한 팟캐스트를 찾아 듣는다. 좋아하지도 않는 직장 상사에게 에너지를 낭비하는 대신, 좋아하는 가족과 친구에게 에너지를 쓴다. 나와 잘 맞는 사람과 재미난 취미를 같이 즐긴다. 괴로울 때 친구들과 보드게임을 즐기거나, 딸과 여행을 다녔다. 나를 필요로 하는 사람들에게 나를 내어준다. 회사에서 맺은 관계로만 하루를 채우지 않는다.

셋째, 조금 더 긴 시간의 관점에서 현재의 나, 현재의 회사를 바라본다. 나심 탈레브가 쓴 《안티프래질》에 이런 말이 나온다. 한 물리학자가 1993년 브로드웨이 쇼의 일람을 만들고 그 시점에서 가장 롱런한 쇼가 마지막까지 살아남을 것이라고 예측했는데 그 예측은 95퍼센트 옳았단다. 어린 시절 대피라미드(5,700년)와 베를린 장벽(12년)을 방문한 그는 피라미드가 더 오래 존재할 것이라 예상했고, 그 예측 또한 적중했다. 지금 나를 힘들게 하는 이들이 온 지 얼마 되지 않았다면, 그들은 아마 사라지는 것도 금방이다. 입사하고 10년이 넘은 사람이라면, 앞으로도 10년 이상 버틸 공산이 크다. 지금 회사의 위기가 10년째 지속되고 있다면, 앞으로도 10년 이상 갈 수 있다. 하지만 생긴 지 얼마 안 된 문제라면, 사라지는 것도 금방일지 모른다. MBC에 입사하고 즐겁게 일한 시간이 15년이고, 파업 후 삶이 괴로워진 시간은 겨우 7년이다. 만약 비정상적인 시기가 15년이 된다면, 그때는 퇴사를 고민했을 것이다. 그것은 비정상이 정상이 됐다는 뜻이니까.

버틸 것인가, 싸울 것인가. 참 어려운 질문이다. 누구와 무엇을 하며 버틸 것인가? 좋아하는 사람을 만나 맛난 것 먹고 즐거운 일을 하며 버틴다. 언제까지 버틸 것인가? 정상으로 돌아갈 수 있다는 희망이 있는 한, 버틴다.

만날 사람도 없고, 좋아하는 일을 찾을 기력도 없다면 어떻게 할까? 그럴 때면 그냥 혼자 걷는다. 양재천을 걷고, 뒷산을 걷고, 한강변을 걷는다.

힘든 시간, 조금이라도 즐겁게 버텼으면 좋겠다. 회사에서 힘겨운 시간을 보낼 때, 하루하루를 축제처럼 즐기고 싶었다.

꽃이 피면 벚꽃 축제장을 찾고, 여름이 오면 물놀이 축제에 가고, 가을이 오면 단풍 축제에 갔다. 징벌의 시간을 즐거움으로 채우며 살았다. 그 즐거움의 힘으로 언젠가 싸울 수 있기를! 스스로를 응원하면서.

[우리의 일이 놀이가 되려면]
'을'들이 행복한 나라

- 《플라이 백》

2014년 세상을 떠들썩하게 했던 땅콩 회항 사건 이후, 삶이 바뀐 사람이 있다. 박창진 사무장. "나쁜 짓 하지 않고 회사 일만 열심히 하면 행복할 수 있을 거라는 믿음이 깨져버린" 사람.《플라이 백》은 박창진 사무장이 쓴 책이다.

대한항공 회장 일가의 갑질 경영이 연일 보도되던 시절, 궁금했다. 저런 말도 안 되는 일들이 일어나는 동안, 주위에 말리는 사람은 왜 없었을까? 2001년 대한항공에서 노조를 설립하려던 이들이 있었다. 그러나

노조를 만들려는 이들에 대한 투서가 인사부로 날아들었다. 회사는 노조 설립 추진위원들을 배임과 횡령 혐의로 고발했다. 2년이 지나지 않아 일곱 명이 해고되고, 어떤 이는 15층 건물에서 몸을 던져 세상을 떠났다. 직원들은 공포심에 입을 다물었다. 이 모든 일은 노조 파괴 전문 회사 출신이 회사 노무부 간부로 활동하는 동안 벌어졌다.

그 노조 파괴 전문가가 바로 대한항공을 망친 주범이다. 노조는 경영진과 협업하는 파트너다. 이를 제거 대상으로 삼는다면 사내 조직문화가 경직되고, 오너 가문에 대한 견제와 감시 기능은 사라진다. 그곳에서 갑질 경영의 독초가 자란다. 박창진 사무장은 책에서 당나라 학자인 위징에 대해 언급한다. 위징은 황제 태종에게 서슴없이 직언하고 잘못을 신랄하게 비판하는 신하였다.

위징의 직언을 늘 마음에 새기며 자신의 통치가 그릇된 길로 가지 않는지 늘 경계했던 태종은 위징이 죽자 크게 상심했다. "위징이 죽었으니 짐은 거울을 잃었다"

고 통곡할 정도였다. 태종이 중국의 역대 황제들 가운데 최고의 성군으로 불리게 된 데에는 분명 이런 열린 자세도 한몫했을 것이다.

이처럼 나라의 지도자나 한 단체의 리더가 올바른 길을 가기 위해서는 그의 잘못을 지적하고 바로잡아줄 수 있는 참모가 옆에 있어야 한다. 당장은 심기가 불편할지 몰라도 그들의 고언이 결과적으로 리더를 옳은 길로 이끌기 때문이다.

– 박창진, 《플라이 백》, 메디치미디어, 51쪽.

　감히 이 책을 경영자들의 필독서로 추천하고 싶다. 처음 땅콩 회항 사건이 일어났을 때, 박창진 사무장의 직언에 귀를 기울이고 무엇이 잘못됐는지 살펴보았다면 이후의 참사는 막을 수 있었다. 하지만 이전에 노조를 압살한 바 있는 경영진은 이번 일 또한 힘으로 해결하려 들고, 그 결과 올바른 목소리를 내고도 박창진 사무장은 회사에서 고초를 겪는다.

　사람들은 가끔 내게 7년을 어떻게 싸웠냐고 묻는다. MBC는 공영방송이다. 개인의 사유재산이 아니라 공공재니까 버틸 수 있었다. 언론노조 MBC본부라는 조직, 사랑하는 조합원들과 함께라서 버틸 수 있었다. 우리는 2012년 170일 동안 파업하며 함께 싸운 동지다. 동지를 버리고 혼자 살겠다고 나갈 수는 없다.

대한항공처럼 사주가 있고, 제대로 된 노조가 없는 조직에서는 버티기 쉽지 않다. 그래서 박창진 사무장의 싸움이 참 놀랍다. 박창진 사무장도 퇴사를 고민한 적이 있다. 그때 그의 형은 이런 말씀을 한다.

"인생을 살아보니 타의로 일을 관두면 나중에 반드시 후회하게 마련이더라."

담당의도 회사를 관두는 것을 반대한다.

"창진 씨, 피해자가 범죄 현장을 무작정 떠난다고 해서 그게 잊히는 게 아닙니다. ……지금 그렇게 도망가버리면 나중에 후유증을 안고 살아갈 가능성이 큽니다."

회사로 돌아가면 죽을 것만 같은데, 사람들은 복귀하라고 조언한다. 신부님이 이런 말씀도 하신다.

"사무장님이 여기서 자신의 권리를 포기한다면 사람들에게 좌절감을 안겨줄 수 있어요. 피해 당사자가 자신의 권리를 포기하는 것만이 살아남을 수 있는 유일한 방편이라는 인식이 만연한 우리 사회에서 적어도 사무장님만이라도 그렇지 않다는 것을 보여주는 선례가 됐으면 합니다. 고통스러우시겠지만 그것이 하느님이 사무장님에게 주신 소명이 아닐까 하는 생각이 드네요. 그건 분명 대중에게도 큰 울림을 줄 거라고 생각해요."

개인의 삶이 힘들 땐, 믿어야 한다.

'이러한 고통이 내게 주어진 이유가 있을 것이다. 이 고통을 극복한다면, 나는 더 나은 사람이 될 것이다.'

좋은 사람 주변에는 좋은 충고를 해주는 좋은 이웃이 있다. 만약 그런 사람을 못 만난다면? 책에서 조언을 구해도 좋다. 나는 힘든 시절에 책을 읽으며, 스승들에게 답을 구했다. 책에서 하는 충고는 다 비슷하다.

'불의를 피해 달아난다면, 훗날 스스로를 마주할 수 없을 것이다.'

운명이 멱살을 잡고 패대기칠 때 어떻게 할까? 책을 읽으며, 혹은 글을 쓰며 답을 찾는다. 궁형을 받은 후 칩거하며 《사기》를 쓴 사마천, 감옥에 갇혀서 《돈키호테》를 쓴 세르반테스 사아베드라, 유배 중에 수많은 저작을 남긴 정약용. 책의 세계에는 불운이 느닷없이 나타나 패대기칠 때, 달아나지 않고 '맞짱' 뜨며 새로운 운명을 개척하는 사람도 많다.

박창진 사무장은 버틴다. 스트레스로 목에 종양이 생겨 수술을 받으면서도 끝끝내 버틴다. 몇 년이 지나 조현민 전무의 물컵 갑질이 화제가 되고, 이명희 씨의 욕설 파일이 공개되니 그제야 사람들은 박창진 사무장이 땅콩 회항을 회상하면서 "조현아 씨가 야수가 부르짖듯 소리쳤다"고 한 말의 의미를 깨닫는다.

파문이 일면서 대한항공 직원들이 일어난다. 무능한 경영진의 일괄 사퇴 및 갑질 근절을 외치면서. 혼자 외롭게 싸우던 박창진 사무장 곁에 사람들이 모여든다. 채팅방에서 수천 명이 목소리를 내고 그 가운데 수백 명은 광장으로 나왔다. 이제 세상의 반응이 바뀌었다. 박창진 하나가 아닌 여럿이 함께 소리를 내니 회사가 함부로 하지 못했다. 힘겨운 시간을 혼자 버티던 박 사무장은 그제야 함께하는 동료들의 존재를 느낀다.

동료들을 위해 박창진 사무장이 해야 할 일은 무엇일까? 회사와 싸우면서 본인이 체득한 것을 나누는 일이다. 대한항공 직원연대라는 노조가 출범할 때 지부장 후보로 나선다. 싸울 때 우리에게 필요한 것은 조직이고, 노동자의 편에서 가장 든든한 조직은 바로 노조다.

혹자는 내게 약자를 위한 보호막조차 없는 사회에서 왜 굳이 이 처절하고, 외롭고, 질 게 뻔한 싸움에 나섰냐고 묻는다. 내가 아무리 투사가 되어 사회를 변혁하자고 외친들 무엇이 바뀌고, 어떤 일을 할 수 있겠느냐고 말이다. 그런 질문을 받으면 나는 그들에게 말한다. "적어도 나라는 한 사람은 바뀌었다"고. 또 다른 사람들은 다시 그날 그 순간 뉴욕공항의 비행기로 돌아간다 해도 똑같이 행동할 것이냐고 묻는다. 나는 또 그럴 것이라 답한다. 한 인간이 힘의 우위를 내세워 타인의 인권을 침해하거나 강탈해선 안 된다는 신념이 생겼기 때문이다. 무엇보다도 내 존엄성을 지키기 위해서라고. 이 가치를 지키기 위해 모든 것을 다할 것이라고 말할 것이다.

- 같은 책, 244쪽.

책을 읽으며 전율을 느꼈다. 다른 사람의 글에서 나의 목소리를 들었다. 내게 드라마 피디라는 업을 빼앗고 유배지로 나를 쫓아낸 사람이 MBC 사장이 됐을 때, 느꼈다. 운명이 내 멱살을 흔들고 패대기쳤다고.

"이제 어떡할 거야? 도망갈 거야?"

그 순간 달아난다면, 나는 아마 죽을 때까지 부끄러운 마음으로부터 벗어날 길이 없을 것이다. 그 좋아하는 독서도 즐기지 못하겠지. 책을 백날 읽으면 뭐하나, 막상 삶에서 실천은 안 하는데.

《플라이 백》의 마지막 페이지에는 휘트니 휴스턴의 노래, 〈The Greatest Love of All〉의 가사가 나온다. 이 노래를 자주 들었지만, 여기서 말하는 "가장 위대한 사랑"이 나 자신이라는 것은 몰랐다. 책을 읽고 결심한 작은 실천. 앞으로 살다가 힘든 일이 있으면 이 노래를 들으며 가사를 음미할 것이다.

나는 가장 위대한 사랑을 나 자신 안에서 발견했어요.
가장 위대한 사랑을 얻는 것은 결코 어려운 일이 아니에요.
자기 자신을 사랑하는 것이야말로 바로 가장 위대한 사랑이니까요.

　책을 읽는 사람으로서, 공부에는 실천이 따라야 한다고 믿는다. 《플라이 백》을 읽고, 박창진 사무장이 어려운 환경에서도 싸움의 기록을 남기는 모습을 보고, 나도 배웠다. 싸움의 가장 큰 이유는 자기 자신을 향한 사랑이다. 싸워야 할 때 싸우지 않는 것은 나를 죽이는 일이다.

　이번 책을 쓰면서 여러 차례 고민했다. 싸움의 기록을 남기는 이유는 무엇일까? 《플라이 백》을 읽고 깨달았다. 수많은 '을'들이 행복한 세상을 꿈꾼다. 그런 세상을 위해 내가 싸움의 과정에서 배운 것을 나누고 싶다.

4부

적들에게 괴로움을, 우리 편에게 즐거움을

즐겁게 일하는 사람이
싸울 때도 즐겁게 싸울 수 있다.
운동이란 결국 나를 확장해
더 나은 세계로 나아가는 일이다.
나의 신념을 어떻게 확장할 것인가.
관건은 내가 하는 일이 재미있어야
다른 사람도 보고 함께한다는 것이다.

본진에 쏘아 올린 작은 공

2016년 12월, 주조정실로 발령받은 지도 어느새 1년이 훌쩍 넘었다. 24시간 교대 근무를 하면서 뉴스를 시청했다. '최순실 게이트'가 터졌을 때 MBC 뉴스는 모르쇠로 일관했다. 그 결과 MBC 뉴스의 신뢰도는 바닥을 쳤다. 망가진 뉴스를 보며 괴로워할 때, 조합에서 연락이 왔다. 드라마국 조합원이 제보를 하나 해왔는데, 내용을 확인해줄 수 있냐고. 윗선에서 캐스팅 청탁이 계속 오는 배우가 알고 보니 정윤회 씨 전처소생 아들이라는 내용이었다. 사건의 발단은 드라마 피디들이 모여서 술을 마시는 자리였다. 누군가 신세 한탄을 했다.

"캐스팅한다고 열심히 오디션도 보고 회의도 하면 뭐하나. 위에서 낙하산을 꽂아 넣는 판국에."

어느 피디의 신세 한탄에 너도나도 한마디씩 거들었다.

"에이, 설마! 요즘 누가 캐스팅 청탁을 하냐? 시대가 어떤 시대인데."

"야, 그러지 마. 나도 당했어."

"어, 너도?"

"넌 누군데?"

대화를 나눠보니 그 배우가 동일 인물이었다. 압력에 맞서 버틴 사람도 있고, 출연시키면서 노골적으로 낙하산 캐스팅이라고 까댄 경우도 있었다. 도대체 그 신인의 배경이 누구일까 궁금했는데 알고 보니 정윤회 씨 아들이었던 것이다. 그 자리에 있던 어느 선배가 말했다.

"이 이야기가 바깥에 알려지면 MBC 드라마 피디들 체면은 바닥에 떨어진다. 절대 말 새어나가지 않게 입단속하자."

그 말에 후배가 반발했다.

"이화여대 학생들도 정유라의 부정입학을 놓고 비슷한 고민을 했을 걸요? 정치 농단에 놀아나 부정입학이나 하는 학교로 알려지면 대외적으로 망신이라고요. 부끄럽다고 덮는 것은 불의를 키우는 일 아닙니까? 우리가 이화여대 학생들보다 못한 겁니까?"

결국 그 후배가 노조에 제보를 했다. 전후 사정을 듣고 한참을 고민한 끝에 후배에게 말했다.

"이 일은 이제 나한테 맡겨줘라."

"어떻게 하시려고요?"

"내가 알아서 할게."

"선배님한테 너무 큰 부담을 지우는 것 아닌가요?"

"이미 찍힌 몸인데, 뭘."

기자에게 익명으로 제보했고, 신문에 대문짝만하게 기사가 났다.

"MBC 수뇌부, 정윤회 아들 출연 제작진에 압력."

기사가 뜬 후, 회사 게시판에 장근수 드라마본부장의 해명이 올라왔다. 안광한 MBC 사장의 지시가 있었다는 것에 대해 "사실이 아니다. 드라마 전반을 책임지고 있는 본부장으로서 피디들에게 '이수현(정윤회 아들의 예명)이 가능성이 있어 보인다. 오디션과 출연을 적극 검토해보라'는 의도를 강조하다가 사실과 다르게 사장을 언급한 데서 비롯된 것"이라고 했다. 사장은 관계없고 본인이 한 일이니 다 책임지고 가겠다는 말이다. 나는 선배의 이런 아름다운 희생정신을 보면 감동을 받는다. 바로 회사 게시판에 실명으로 글을 올렸다.

저는 장근수 본부장님을 믿습니다

아래 " " 안의 글은 2016년 12월 15일에 장근수 드라마본부장님이 올린 입장문입니다.

"드라마 제작 과정에서 성장 가능성 높은 배우를 캐스팅해 그 역량이 드라마에 반영되도록 하고 이를 독려하는 것은 총괄 책임자로서 드라마본부장의 역할이기도 합니다."

이것은 사실입니다.

본부장님께서는 때로는 제작사 대표를 통해서, 때로는 연출자에게 직접 전화를 걸어서 특정 남자 배우를 반드시 드라마에 출연시키라고 종용하셨습니다. 대본을 보고 극중 주인공 남동생 역할을 지정해 캐스팅을 주문하신 일도 있고, 비중이 없는 신인 치고 너무 높은 출연료를 불러 제작진이 난색을 표했을 때는 '출연료를 올려서라도 반드시 캐스팅하라'고 지시하기도 했습니다.

"정OO은 당시 이수현이라는 이름으로 활동하고 있어서 그의 아버지가 누구인지 전혀 알 수 없었습니다."

이 말도 사실이라 믿습니다.

저는 본부장님을 포함한 드라마 제작진은 그 배우의 아버지가 누구인지 몰랐다고 믿습니다. 전처소생의 아들을 캐스팅함으로써 비선실세에게 줄을 대야겠다고 생각할 사람이 MBC 드라마 피디 중에는 단 한 사람도 없다고 저는 믿습니다. 이수현이 아니라 정OO이라는 이름으로 활동했어도 그의 아버지가 누군지 알 수도 없고, 알 필요도 없기 때문입니다.

"그럼에도 안광한 사장과 관련이 있다는 보도가 나오고 있는데 이는 사실이 아닙니다. 드라마 전반을 책임지고 있는 본부장으로서 피디들에게 '이수현이 가능성이 있어 보인다. 오디션과 출연을 적극 검토해보라'는 의도를 강조하다가 사실과 다르게 사장을 언급한 데서 비롯된 것입니다."

이것은 사실일 리 없습니다.

아무리 가능성이 큰 신인을 키우기 위해서라고 해도, 이미 다수의 드라마를 통해 검증이 된 신인을, 배역에 맞지 않고 이미지에 맞지 않고 출연료도 맞지 않는 신인을 억지로 출연시키려고 사장님을 팔았을 리가 없습니다. 난색을 표하는 후배의 의지를 꺾으려고 윗사람의 권세를 거짓으로 동원할 분이 아니라는 건 제가 잘 알기 때문입니다.

이 모든 것이 다 MBC 드라마를 위해서 하신 일이라는 것을 압니다.

매체 간 경쟁은 치열해지고, 공중파 드라마의 위상이 갈수록 위축되는 요즘, 회사로부터 더 많은 지원과 예산을 타내기 위해 노력하던 과정에서 생겨난 불상사라고 믿습니다. 지난 몇 년간, 그 배우의 출연작 리스트에는 KBS나 SBS가 없었습니다. 종편이나 케이블 방송에 출연한 적도 거의 없습니다. 오로지 MBC였습니다. 'MBC 드라마를 위해 애쓴' 본부장님의 흔적이 엿보였습니다. 그래서 더 부끄럽고 슬

펐습니다. 다른 방송사에는 감히 밀어 넣지도 못할 배우를 MBC에만 넣었다고요? 다른 방송사에서는 감히 시도하지 않은 비선실세 농단을 MBC에서만 했다고요?

언제부터 드라마 신인 배우 발굴이 본부장의 일상적인 관리행위였습니까? 정상적인 방송사 경영 활동에 간섭하고 제작 현장의 독립성을 훼손시킨 사람은 누구입니까? 선배님께서 수십 년간 지켜온 MBC 드라마입니다. 앞으로도 그 제작현장을 지켜야 할 MBC 후배들을 생각해주십시오. 그들의 명예와 자긍심을 지켜주실 수 있는 마지막 기회를 부디 놓치지 말아주시기 부탁드립니다.

　　　　　　　　　　　　　　　　　　- 김민식 올림.

본부장님이 자폭하려고 품에 소중히 안은 수류탄을 빼앗아 다시 본진에 투척했다.

"왜 이러세요. 이 폭탄, 본부장님 게 아니잖아요."

이제 나는 드라마 피디들 사이에서 배신자가 되어버렸다. 본부장은 드라마국을 위해 사장의 눈치를 본 것인데, 나는 이를 외부에 폭로한 것이다. 이제 드라마국으로 돌아갈 길이 사라져버렸다. 막다른 길목에 몰린 순간, 새로운 기회가 찾아왔다.

협력의 진화를 위한 한 번의 응징

'죄수의 딜레마'라는 게임이 있다. 두 명의 참가자는 협력과 배반 가운데 하나를 선택할 수 있는데, 둘 다 협력을 선택하면 각각 3점씩 받는다. 상대방이 협력을 선택했는데 내가 배반을 택하면 나는 5점, 상대는 0점을 받는다. 둘 다 배반하면 각각 1점을 받는다. 개인적으로는 협력보다는 배반을 선택하는 편이 유리하다. 상대방이 협력할 경우, 나는 5점을 얻고 상대는 0점을 얻는다. 상대방이 배반을 해도 나란히 1점씩 얻는다. 문제는 상대 경기자도 똑같이 생각할 것이므로 무조건 배반을 선택할 확률이 높다는 점이다. 결국 둘 다 협력할 경우에 얻는 3점 대신 1점밖에 못 얻는다. 개인적으로 유리한 결론이, 두 사람 모두에게는 불리한 결과를 가져온다는 게 죄수의 딜레마다. 죄수의 딜레마 게임에서 이기는 방법은 무엇일까?

1984년 미시간대학교 정치학과 교수인 로버트 액설로드는
전 세계 게임이론가, 컴퓨터공학자, 경제학자, 그리고 심리
학자 등을 상대로 죄수의 딜레마 게임에서 가장 높은 보수
를 얻을 수 있는 전략을 공모했다. ……이 리그전에서 가장
높은 보수를 얻어 승리한 전략은, 제출된 전략들 중에 가
장 간단한 형태의 전략이었다. '눈에는 눈, 이에는 이Tit for tat(이
하 TFT) 전략'이 그것이다.
TFT 전략은 다음과 같은 아주 단순한 구조로 되어 있다.
1. '협조'로 게임을 시작한다. 2. 게임이 반복되는 경우, 상대
방의 이전 행동을 그대로 따라한다. 즉 상대방이 바로 전 회
에 '협조'를 했으면 자신도 이번 회에 '협조'를 하고, 상대방
이 전 회에 '배신'을 했으면 자신도 이번 회에 '배신'을 한다.
다시 말해 TFT 전략은 선하게 게임을 시작한 후, 상대방의
호의에는 호의로, 악의에는 악의로 대응한다는 '상호성의
원칙'에 기반을 두고 있다.

- 최정규, 《이타적 인간의 출현》, 뿌리와이파리, 92, 93쪽 일부 요약.

이 실험의 과정을 기록한 로버트 액설로드의 《협력의 진화》
를 보면, 협력이 강제 없이도 자연적으로 창발한다는 사실이

'수학적으로' 증명된다. 《이타적 인간의 출현》은 경북대학교에서 경제학을 가르치는 최정규 교수의 책이다. 경제학이란 이기적인 개인의 합리적인 선택을 바탕으로 한 학문이다. 장기적인 관계에서는 이기적인 선택보다 이타적인 선택이 경제학적으로 더 이익이라는 말에 귀가 솔깃했다. 정치학자 로버트 액설로드와 경제학자 최정규가 이구동성으로 협력이 유리한 선택이라 말한다. 만약 사내에서 협력 시스템이 망가진다면, 이를 되살릴 처방은 무엇일까?

TFT 전략이 살아남는 조건은 단순하다. 내가 '협력'을 선택했을 때 상대가 '배반'이라는 카드를 내밀면, 다음엔 나도 '배반'이라는 카드로 상대를 응징할 수 있어야 한다. 상대의 배신에 무조건적으로 협력만 계속하면 나는 '호구'가 되고, 상대방은 배신을 밥 먹듯 하는 승자가 된다. 이기적인 배신자를 승자로 만들면 주위에 악영향을 끼친다. 모두가 승자의 전략을 따라 할 테니까. 모든 구성원이 배신의 전략을 택한다면 그 사회 시스템은 붕괴하고 결국 전체가 패자로 전락한다.

TFT 전략은 배신한 상대방에게 배신으로 응징한다. 상호 배신이 서로에게 불리하다는 것을 알려준 후, 상대방이 협력으로 돌아서면 바로 다시 협력한다. 절도 있는 응징을 위해서는 네 가지 조건이 있다.

우선 상대가 협력하는 한 거기에 맞춰 협력하고 불필요한 갈등을 일으키지 말 것. 둘째, 상대의 예상치 않은 배반에 응징할 수 있을 것. 셋째, 상대의 도발을 응징한 후에는 용서할 것. 넷째, 상대가 나의 행동 패턴에 적응할 수 있도록 행동을 명확하게 할 것.

- 로버트 액설로드, 《협력의 진화》, 시스테마, 43쪽.

직장이든 국가든 공동체가 제 기능을 하기 위해 가장 필요한 것은 구성원 상호간의 신뢰다. 때로는 이런 신뢰를 악용하는 이들이 나타나 신뢰를 깨고, 자신의 이익을 위해 조직을 망가뜨리는 경우가 있다. 이때 조직을 살리기 위해서는 무엇을 해야 할까? 웃으며 용서하면 모든 일이 다 좋아질까? 그걸 보면, 피해를 감내하며 싸운 이들이 좌절한다.

'부당한 손해를 감수하며 싸운 결과가 겨우 이것인가?'

부역자들은 속으로 쾌재를 부를 것이다.

'나쁜 놈들이 오면 부역하고, 착한 놈들이 오면 화합을 외치면 되겠구나.'

이렇게 가면 조직은 갈수록 망가지기만 할 뿐이다.

협력의 진화가 이루어지기 위해서는 한 번의 응징이 절실하다. 2017년 싸움에 나설 때, 많은 이들이 싸움을 말리며 내게 말했다. 어차피 놔두면 좋아질 텐데 왜 굳이 힘들게 싸우느냐고. 그냥 둬서 좋아지는 경우는 없다. 무엇이 잘못된 행동인지, 응징이 필요하다. 호구가 될 것이냐, 투사가 될 것이냐. 다 함께 사는 길은 후자다.

싸움은 액션이 아니라 리액션

2017년 촛불 정국이 시작됐을 때, MBC 노조는 집회를 열고 공영방송을 국민의 품으로 돌려놓아야 한다고 소리를 높였다. 그때 인터넷 뉴스에 댓글이 달렸다.

"지난 몇 년간 이명박근혜 정권에서 잘 먹고 잘살다가 이제 판 바뀔 것 같으니까 숟갈 얹으려고 기어 나오는구나."

싸늘한 여론에 조합원 사이에서 싸움의 동력이 팍 꺾였다. 그 댓글을 보고 정말 두려웠다. 노조가 '아, 그렇구나. 다른 사람들이 보기에 우리는 그냥 부역자구나. 이제 정상화는 틀렸구나'라며 싸우지 않는 것이 바로 김장겸 사장과 그 일당이 바라는 바니까.

2017년 1월 《영어책 한 권 외워봤니?》를 출간했을 때 《PD저널》에서 인터뷰 요청이 왔다. 인터뷰 마지막에 이렇게 말했다.

"이 책이 정말 잘 팔렸으면 좋겠다. 베스트셀러가 됐으면 좋겠다. 그래서 많은 사람들이 궁금해하기를 바란다. '드라마 피디가 왜 드라마는 안 만들고 영어공부 책을 쓰고 있지?' 저만의 문제가 아니다. 언론인의 꿈을 꾸고 기자·피디로 살겠다고 MBC에 온 사람들이, 파업이 끝난 지 5년인데 아직도 현업으로 돌아가지 못하고 있다."

"'영어 학습서도 이렇게 재미있게 쓰는 사람인데, 이런 사람이 드라마를 만들면 얼마나 재미있을까, 이런 피디가 빨리 현업으로 돌아오면 좋겠다'라고 느끼는 분들이 한 분이라도 늘어나면 좋겠다. 저 같은 사람들이 MBC에 100명이 넘게 있다는 걸 알아줬으면 좋겠다."

유배지에 있는 동안 영어 학습서를 쓴 것도 내게는 싸움의 일환이었다. 나의 싸움을 세상에 알리기 위한 방법이었다. '그동안 잘 먹고 잘살다 이제 기어 나오느냐?'는 빈정거림이 내게는 상처가 되지 않았다. 오히려 그런 빈정거림에 기가 죽어 MBC를 적폐 세력의 최후의 보루로 만들어주는 게 두려웠다.

〈MBC 프리덤〉을 만든 지 수년이 흐른 어느 날, 주조정실에서 방송 송출 화면을 보다가 문득 깨달았다. 〈MBC 프리덤〉을 찍을 때 카메라 앞에서 열심히 구호를 외친 기자와 아나운서의 모습이 텔레비전에서 사라진 지 오래라는 사실을. 다들 용인에 있는 드라마 세트장이나 구로디지털단지에 있는 사무실로 발령이 났다.

'아, 내가 찍은 파업 영상에 얼굴이 나온 사람들은 다 좌천됐구나.'

나도 모르게 회사에 채증용 영상을 제공한 꼴이었다. 그때 결심했다. 언젠가 다시 싸워야 할 때가 온다면, 그때는 '셀카'를 찍자고. 다른 사람에게 출연을 부탁하는 대신, 혼자 싸우자고.

1996년에 입사한 나는 2016년 12월로 입사 20주년을 맞았다. 입사 20주년이 지난 몇 달 후, 새로운 사장으로 김장겸 보도본부장이 유력하다는 소문이 돌았다. 지난 몇 년간 사람들이 나만 보면 놀려댔다. '차기 사장이 가장 미워하는 사원 김민식'이라고. '아, 김장겸이 사장이 되면 나는 잘리겠구나. 잘리기 전에 내 발로 나가야 하나?' 하는 생각도 들었다. 마침 입사 20주년 포상휴가가 남아 있었다. MBC 피디로 보내는 마지막 휴가일 수 있다는 생각이 들었다. 한 번도 간 적 없는 아프리카의 탄자니아로 혼자 떠났다. 수도 다르에스살람에서 머무는 동안 하루 정도 시간이 비는데, 딱히 할 게 없었다. 여행지를 검색하다가 한국인 교환학생이 올린 블로그에서 '이곳에 있는 워터파크는 줄 설 필요가 없다'는 글을 봤다.

캐리비안 베이 정도 되는 규모인 쿤두치 워터파크에는 손님이 하나도 없었다. 리조트 하나를 전세 낸 아랍 왕자가 된 기분으로 놀았다. 스무 명의 직원이 오직 나 한 사람을 위해 일하는 것 같았다. '레인 댄스'라는 파티 존에서 현지 청춘들이 물을 뿌리면서 춤을 추고 노는 유튜브 영상을 봤다. 춤추는 걸 좋아하기에 댄스 타임을 즐기려고 왔는데 아무도 없다. 그 영상은 주말 오후에 찍었나 보다.

'아, 간만에 몸 좀 풀까 했더니.'

하고 싶은 일이 있으면 남 눈치를 보지 않고 그냥 한다. 그게 딴따라의 삶이다. 사람이 없다고 춤도 못 출쏘냐. 혼자 추면 되지. 워터파크에서 막춤을 추며 셀프 뮤직비디오를 찍었다. 나중에 페이스북에 올린 영상에 많은 분이 '좋아요'를 눌렀다. 페이스북에 글이나 사진만 올리다가 동영상을 올려도 된다는 걸 그때 처음 알았다.

아프리카에서 휴가를 보내는 동안, 한국에서는 《영어책 한 권 외워봤니?》가 이른바 '대박'이 났다. 베스트셀러에 올라 석 달 만에 30쇄를 찍었다. 주조정실에서 교대 근무를 하면서 쓴 책이 잘 팔리니까, 갑자기 사표를 내지 않아도 괜찮겠다는 생각이 들었다. 행복은 드라마 연출이라는 강도 높은 즐거움에 있는 것이 아니라, 블로그 글쓰기라는 빈도 높은 즐거움에 있다는 생각이 들었다. 그 내용을 《세상을 바꾸는 시간 15분》(이하 《세바시》)에 나가서 이야기했다.

"행복은 강도가 아니라 빈도다."

페이스북 동영상 조회수가 20만을 훌쩍 넘겼다. 당시에는 《세바시》 영상 가운데 최고 기록이었다. 내가 쓴 책을 읽은 사람이 10만 명이 넘고, 내가 한 강연을 본 사람이 20만 명이 넘는다면, 내가 페이스북 라이브로 어떤 말을 한다면 그 말에 귀를 기울여줄 이들이 적어도 1만 명은 될 것 같았다. 점심시간에 페이스북 라이브 기능을 켜고 생방송을 시작했다.

"많은 분들이 제게 묻습니다. 어쩌다 드라마 피디가 《영어책 한 권 외워봤니?》를 쓰게 됐느냐고. 처음부터 영어 학습서를 쓰는 게 목표는 아니었습니다. 그냥 매일 아침 일어나 글 한 편을 썼죠. 책을 쓴다고 생각하면 부담감에 일을 시작하기 어렵습니다. 나 따위가 뭐라고 감히 영어 공부 책을 쓸까. 이럴 때 저는 목표를 낮게 잡습니다. 책을 쓰는 대신, 글을 한 편씩 씁니다. 그렇게 쓴 글이 수십 편이 모이는 순간, 책 한 권의 원고가 만들어지죠. 꿈이 생기면, 저는 매일 반복합니다. 영어를 잘하고 싶다는 꿈이 있잖아요? 그럼 매일 열 문장씩 외웁니다. 작가가 되고 싶다면 매일 글 한 편을 쓰고요.

요즘 제 꿈은 MBC 사장님이 나가시는 겁니다. 사장님이 나가시면 좋겠어요. 이럴 때 제가 할 수 있는 일은 무엇일까요? 매일 출근할 때마다 한 번씩 외치는 겁니다. '김장겸은 물러나라, 김장겸은 물러나라, 김장겸은 물러나라!' 이렇게요.

페이스북 라이브 방송 현장
망가져버린 MBC를 어떻게 하면 좋을까?
답은 잘 모르겠다. 이럴 때는 그냥 할 수 있
는 일을 해보는 것이다. MBC 복도에 서서
진심을 담아 소리쳤다. "김장겸은 물러나라,
김장겸은 물러나라, 김장겸은 물러나라!"

지난 몇 년 동안 많은 사람들이 제게 물었어요. '망가져버린 MBC를 어떻게 하면 좋을까요?' 답은 잘 모르겠습니다. 제게는 너무 어려운 문제예요. 이럴 때 무엇을 해야 할까요? 그냥 지금 이 순간, 내가 할 수 있는 일을 해보는 겁니다. '김장겸은 물러나라, 김장겸은 물러나라, 김장겸은 물러나라!' 하고요.

저 아래, MBC 로비 복도가 보이시죠? 곧 사장님과 임원분들이 저곳을 통과해 식사를 하러 가시겠죠. 그분들께 제가 진심을 담아 전하고 싶은 말씀이 있어요. '김장겸은 물러나라, 김장겸은 물러나라, 김장겸은 물러나라!'"

처음엔 잠깐 구호만 외치고 청경들이 오기 전에 얼른 끝낼 생각이었다. 그런데 방송 시간이 길어질수록 시청하러 들어오는 사람도 늘어나고, 실시간으로 '좋아요'가 달리고 댓글이 올라오는 걸 보니 울컥했다. 페친 여러분의 리액션 덕에 나의 액션은 힘을 받았다. 살다가 때로는 싸워야 할 때가 있다. 직접 나서서 싸울 수 없을 때도 있다. 괜찮다. 그럴 때는 우리를 대신해 싸우는 누군가를 응원하면 된다. 그 응원에서 다시 행동은 시작된다. 이 자리를 빌려 그날 나의 싸움을 응원해주신 모든 분들에게 진심으로 감사의 인사를 드린다.

적을 내 판으로 끌어들이기

어느 날 주조정실에서 뉴스 생방송을 마치고 MBC 사옥 9층 복도로 나왔다. 속이 답답했다. 보도국 후배들이 인트라넷 게시판에 올린 글의 제목이 계속 입에 맴돌았다. 갑자기 고래고래 소리를 질렀다.

"김장겸은 물러나라!"

그러고는 문득 겁이 나 화장실로 뛰어 들어갔다. 쫄려서 그런지 오줌이 마려웠다. 서서 일을 보는데 청경이 허겁지겁 뛰어 들어왔다.

"방금 여기서 소리 지른 사람, 누굽니까?"

하필 화장실에는 나 혼자밖에 없었다.

"에? 그게 들렸어요?"

청경이 황당한 표정으로 나를 쳐다봤다.

"아, 혼잣말이라고 했는데 소리가 좀 컸나 보다. 죄송합니다. 요즘 제가 근무 스트레스가 많아서."

청경이 이름과 소속을 묻기에 주조정실 김민식이라고 했다. 그러고는 나오는 길에 다시 외쳤다.

"김·장·겸·은·물·러·나·라!"

청경이 황당한 표정으로 쳐다보았다. 세상에 별 미친놈이 다 있구나, 했을 것이다. 주야간 교대 근무로 주조정실을 지키며 송출 업무를 한 지 2년이 되어가던 시절이었다. 정신적 스트레스가 커서 그렇다고 우기고 야간 근무에서 빠지고 싶었다. 그런데 부장이 찾아와서 심각하게 말했다.

"요즘 혼자 소리치고 그러는 거, 위에서 안 좋아하신답니다. 자꾸 그러면 징계를 한대요."

"이게 징계감인가요? 회사 복도에서 혼잣말하는 건데? 목소리가 크다고 징계를 할 수 있나요?"

"인사부에서도 징계 사유는 아니니 그냥 넘어가자고 조언했는데, 위에서는 세게 나가라고 했다네요."

김장겸은 약자에겐 강하고, 강자에게 약하다. 감히 사원 주제에 자신더러 물러나라고 했으니, 그냥 참고 지나갈 수는 없을 것이다. 어떻게든 손보려고 하겠지. 부장의 경고 이후에도 매일 구호를 외쳤다. 부장이 다시 찾아왔다. 인사위 회부 절차에 들어갔으니 경위서를 제출하라고 했다. 속으로 쾌재를 불렀다.

'저들이 내 싸움에 말려들었구나!'

김장겸 일당이 나의 도발에 모르쇠로 일관했다면 더는 할 수 있는 게 없었다. 혼자 계속 외치다가 그냥 '또라이'가 되고 말았을 것이다. 그런데 경위서를 받고 징계한다니, 저들은 내 싸움에 말려들었다. 얼씨구나, 신이 나서 경위서를 썼다. 반성문을 이렇게 즐겁게 쓰기도 쉽지 않을 것이다.

경위서

MBC 드라마본부의 가장 큰 어려움은 일일 연속극 제작입니다. 《뉴스데스크》 앞뒤로 비슷비슷한 포맷의 연속극을 주 5일 연속 방송하기에 차별화도 쉽지 않고, 방송 분량이 많아 일주일에 며칠씩 밤을 새워 근근이 제작하는 실정입니다. 시청률을 의식해 극성이 강한 드라마를 만들면 '막장'이라는 평가를 받고, '착한' 드라마를 편성하면 시청률 경쟁에서 고배를 마시기 쉽습니다. 광고 판매 또한 부진해 연출 입장에서는 열심히 만들고도 회사에 손해를 끼칠 수밖에 없습니다. 그렇기에 연출들이 기피할 수밖에 없고, 제작사에서도 잘 들어오려 하지 않는 시간대입니다.

2014년 봄, MBC 드라마본부는 외주 기획사에서 만든 한 일일 연속극 기획안의 편성을 결정합니다. SBS와 논의 중이던 편성을 MBC로 옮기라고 제작사에 요청합니다. 제작사 대표로서는 MBC로 옮겨야 하는 명분이 중요합니다. 그래서 MBC에서는 원하는 연출을 주기로 했다고 SBS에 말하고 옮겼습니다. 저의 주말 연속극 연출작인《글로리아》를 제작했던 외주 제작사였습니다. 드라마국 부장님이 제게 제작사의 요청이 있으니 일일 연속극 연출을 맡아달라고 했습니다. 이후 저는 보직 부장님과 국장님의 지시에 따라 제작사와 만나 배우 캐스팅을 진행하고 작가와 대본 방향을 논의했습니다.

일일 연속극《소원을 말해봐》는 식물인간이 된 남편을 위해 고군분투하는 여주인공 이야기입니다. 여주인공 캐스팅이 작품 성공의 관건이라 판단한 저는 개인적인 친분을 이용해 톱스타 OOO 씨에게 연락했습니다. 청춘 시트콤《뉴논스톱》을 만들며 신인이던 OOO 씨를 캐스팅한 바 있습니다. 이후 개인적으로 만난 적도 한 번도 없었지만, MBC 일일 연속극 경쟁력 강화를 위해 OOO 씨를 설득하려고 했습니다. 일일 연속극에 단 한 번도 출연한 적이 없는 스타급 배우를 기용함으로써 MBC 일일 연속극에 새로운 활기를 불어넣고 싶었습니다.

배우 미팅을 앞두고 있는데, 갑자기 회사로부터 일일 연속극 연출 하차 통보가 왔습니다. 이해할 수 없는 결정이었습니다. MBC 임원회의에서 새 일일 연속극 편성을 보고했는데, "김민식 피디는 파업에 앞장섰던 노조 집행부인데, 그런 친구가 어떻게 여덟 시 MBC《뉴스데스크》바로 앞 연속극 연출을 맡을 수 있단 말이냐. 당장 빼라"는 말이 나왔다고 들었습니다. 방송 일정이 촉박해 다른 연출을 구할 수 없었기에 결국 담당 부장이 직접 보직에서 물러나 일선으로 복귀해 프로그램을 급히 제작해야 했습니다. '김민식의 이름을 걸고 드라마를 만드는 건 쉽지 않을 것이다'는 말이 돌았습니다. 드라마본부에서 정한 라인업을 뒤엎은 장본인이 보도국 간부라는 말까지 들었지만 이해할 수 없었습니다. 그것은 분명히 부문별 제작 자율성 침해였고, 무엇보다 드라마 경쟁력 제고와 광고 판매에 방해가 되는 해사행위라고 생각했기 때문입니다.

2015년 가을, 새 주말 연속극《여왕의 꽃》기획안이 MBC에 들어왔습니다. 당시 제작사는 예전에《아직도 결혼하지 않은 여자》라는 미니시리즈를 연출할 때 저와 함께 작업했던 김종학 프로덕션이었습니다. 제작사 측에서《여왕의 꽃》의 야외 연출로 저를 원한다는 이야기를 들었습니다. 연속극 야외 연출은 주로 조연출이나 갓 데뷔한 신인 피디가 담당하는 업무입니다. 연출로 데뷔한 지 15년이 된, 심지어 주말 연속극의 메인 연출을 했던 저에게 야외 연출은 징계에 가까운 일입니다. 드라마본부 내부에서 가장 배정하기 힘든 업무가 연속극의 공동 연출입니다. 캐스팅이나 대본 참여의 권한 없이 오로지 밤을 새워 야외 촬영만 담당합니다. 감독의 권한은 없고, 업무량은 많습니다. 미니시리즈 공동연출이라면 새로운 영상 감각을 시도하고 연출로 성장할 기회라도 있지만, 연속극은 여섯 달 동안 기계적으로 찍어나가기만 합니다. 어린 후배들이 매번 돌아가며 고생한다는 것을 알기에 기꺼이 제가 하겠다고 했습니다. 나이 마흔여덟 먹은 드라마 감독이 연속극 야외 연출을 맡은 건 MBC 창사 이후 제가 처음인 것으로 압니다.

주말 연속극 《여왕의 꽃》은 첫 회 시청률 20퍼센트를 넘기고 광고도 매회 100퍼센트 완판에 가까운 판매고를 올렸습니다. 하지만 저는 야외 촬영을 하면서 늘 이상한 소문에 시달렸습니다. 김민식이 야외 연출로 일하는 것을 못마땅하게 여기는 보도국 간부가 임원회의에서 불만을 토로했다고요. '이번 드라마가 끝나면 더는 드라마본부에 발붙이지 못하게 해야 한다', '야외 연출이 아니라 조연출도 시켜서는 안 된다.' 이런 말까지 나왔다고 하더군요. 당시 저는 일주일에 사나흘씩 밤을 새며 촬영했습니다. 하루 고작 두세 시간밖에 못 자고 병원에 달려가 영양제 주사를 맞아가며 촬영했습니다. 전쟁터에서 목숨 걸고 싸우는데 정작 뒤에 있는 지휘 초소의 저격수들은 내 뒤통수에 총구를 겨누고 있다는 느낌을 받았습니다.

2016년 가을, 《여왕의 꽃》은 마지막 회에 시청률 20퍼센트를 넘기고 유종의 미를 거두고 종영했습니다. 드라마가 끝나자 바로 인사발령이 났습니다. 제작 기간 동안 쌓인 주말 대체휴가를 소진하지도 않았는데, 편성본부로 발령이 났습니다. 편성본부에 달려가 물었습니다.

"무슨 업무로 나를 부른 것입니까?"

누구도 명쾌한 답을 주지 않았습니다. "우린 인원을 요구한 적이 없는데 왜 보냈는지 모르겠다"는 반응에 어이가 없었습니다.

주조정실에서 엠디로 1년 반 동안 근무했습니다. 일근과 야근을 교대로 하면서, 밤을 새워 주조정실 콘솔 앞을 지켰습니다. 늘 궁금했습니다.

'이토록 집요하게 나의 연출을 방해하는 사람은 과연 누구일까?'

지난주, 회사 게시판에 〈김장겸은 물러나라!〉는 제목의 글이 올라왔습니다. 매일 올라오는 보도국 기자들의 성명서를 읽었지만, 그중 다음과 같은 구절은 제 폐부를 깊숙이 찔렀습니다.

"후배의 세 번째 인사는 이번에도 어김없이 이유가 없었고 전격적이었다. 선배는 그 속에서, 다시는 이자에게 기자를 시키지 않겠다는, 기자의 명줄을 잘라놓겠다는 살의를 느꼈다."

전율이 흘렀습니다. 지난 5년 동안, 저는 피디로서 저의 명줄을 잘라놓겠다는 살의를 느껴왔습니다. 그런데 그게 저만의 문제가 아니었습니다. 기자들의 글에 너무 가슴이 아팠고, 그들에게 달려가 말해주고 싶었습니다. "당신들의 고통을 내가 안다. 당신들의 고통이 끝나기를 바란다"고 말입니다.

그래서 기자들이 내건 성명의 제목을 복도에서 큰 소리로 낭독했습니다. 이는 개인 페이스북을 이용한 평화로운 1인 의사 표현이었고, 다른 동료의 업무를 방해하거나 회사 업무에 지장을 초래한 사실이 없습니다.

이상 사실대로 진술했음을 확인합니다.

2017. 06. 07.

진술인 김민식 (인)

가장 단순한 방법으로 싸운다

내 꿈은 시간 관리의 달인이 되는 것이다. 돈은 없어도 시간은 풍족하게 쓰면서 살고 싶다. 과학이론 기본 지침 가운데 '오컴의 면도날'이 있다. 같은 현상을 설명하는 두 개의 이론이 있다면, 더 간단한 쪽을 선택하라는 것이다. 나는 시간 관리에서도 오컴의 면도날 이론을 적용한다.

'어떤 일을 이루는 데 두 가지 방법이 있다면, 더 간단한 방법을 선택하라.'

영어를 잘하기 위해서는 무엇을 해야 할까? 원어민 교사를 만나 정규적으로 회화 수업을 받거나 해외 어학연수를 가는 방법과 혼자 짬날 때마다 회화 문장을 외우는 방법이 있다면 둘 가운데 나는 후자를 택한다. 더 간단하니까. 복잡한 절차

(선생을 구하고, 강습료를 내고, 책을 사고, 여권을 만들고, 미국 학교에 입학 허가를 얻는 등)를 거쳐야 하는 일은 중간에 포기하기 쉽다. 무수한 조건 가운데 어느 하나만 틀어져도 실패로 돌아간다. 쉬운 방법은 그냥 내 의지만 있으면 실행 가능하다.

공부를 더 하고 싶은 욕심에, '회사를 다니며 야간 대학원에 진학해 학위를 딸까?' 하는 생각을 해보기도 했다. 하지만 과정이 복잡하더라. 입학 전형을 통과하고, 등록금을 내고, 수강신청을 하고, 업무 시간과 수업 시간을 조정하고, 논문을 쓰고, 교수의 평가를 받는 등. (물론 등록금도 꽤 들고) 너무 복잡하다. 그냥 도서관에서 빌린 관심 있는 분야의 책을 매일 출퇴근시간에 전철에서 읽었다. 지하철 통근시간에 각 분야 최고의 전문가에게 수업을 듣는 기분이다. 매일 아침 과제물을 제출하는 기분으로 블로그에 글을 쓴다. 그렇게 모은 글을 논문 대신 책으로 펴낸다. 석사 학위를 따는 것보다 책 한 권을 내는 것이 내게는 더 쉽고 간단한 공부다(심지어 등록금을 내는 대신 인세를 번다).

어떤 일을 이루려면 방법은 간단해야 하고, 주체는 단순해야 한다. 여러 사람의 도움을 얻어야 가능하다면, 사람들을 모으고 설득하고 동의를 구하는 데 시간이 걸린다. 진정 원하는 일이 있다면 일단 혼자 시작해야 한다. 공부도 그렇고, 싸움도 그렇다.

2012년 MBC 170일 파업 이후 오랜 세월이 흘렀다. MBC의 신뢰도는 추락하고, 경쟁력은 떨어졌다. 회사가 위기에 빠졌을 때 무엇을 해야 할까? 방송 공정성 확보, MBC 뉴스의 정상화, 조합원 현업 복귀 등 MBC가 안은 많은 문제를 푸는 여러 해법이 있겠지만 그중 가장 단순한 것은 MBC를 망가뜨린 사람을 사장직에서 쫓아내는 것이다. 정치부장·보도국장·보도본부장으로 MBC 뉴스와 조직을 망가뜨린 장본인, 김장겸 사장이 물러나는 것이다.

해결책은 가장 단순한 방법으로 시작한다. 내가 할 수 있는 일을 일단 한번 해보는 것이다. 그래서 외치기 시작했다.

"김·장·겸·은·물·러·나·라!"

더 좋은 세상을 만들겠다는 굳은 결심으로 시민운동 단체에 들어간 젊은 활동가들이 일에 지치고 사람에 지쳐 그만두는 경우가 많다. 가장 민주적이어야 할 시민단체가 비민주적으로 운영되는 모습에 실망하기도 한다. 민주화 투쟁을 한 586 선배들은 군사 독재 시절에 목숨 걸고 싸웠다. 그분들 덕에 세상이 바뀌었다. 고마운 어른들이지만, "우리는 죽도록 고생하며 싸웠는데, 너희는 이렇게 좋은 시절에 이 정도밖에 못해?"라고 말하는 순간 꼰대가 된다.

세상이 바뀌면 사람도 바뀌고 싸우는 방식도 바뀌어야 한다. 지금은 군부나 독재자 같은 악이 선명하게 보이지 않는 시절이다. 이런 시절, 싸우는 게 더 힘들다. 이럴 때는 젊은 활동가들의 자발성을 존중해야 한다. 의제나 활동 방식을 스스로 결정할 수 있어야 흥이 난다.

싸우기 힘든 시대, 기왕에 싸운다면 재미있어야 한다. 이때 핵심은 '싸움'이 아니라 '재미'다. 평소에 재미나게 사는 연습이 필요하다. 대의명분에 매몰되어 거룩한 의미만 좇기보다 소소한 재미를 챙겨야 한다. 즐겁게 일하는 사람이 싸울 때도 즐겁게 싸울 수 있다. 운동이란 결국 나를 확장해 더 나은 세계로 나아가는 일이다. 나의 신념을 어떻게 확장할 것인가. 관건은 내가 하는 일이 재미있어야 다른 사람도 보고 함께한다는 것이다.

《90년생이 온다》라는 책을 보면, 요즘 젊은 세대들이 좋아하는 특성 세 가지가 있다. 간단하거나, 재미있거나, 정직하거나. 그들은 간단한 걸 좋아해서 말도 줄여서 은어로 쓴다. 심지어 초성만으로 문자 대화를 나눈다. '병맛'이라는 콘텐츠에 열광한다. 재미만 있으면 되지, 굳이 의미까지 찾지는 않는다. 공무원 시험에 몰리는 이유는 공채가 가장 공정한 경쟁이라고 생각하기 때문이다. 간단하고, 재미있고, 공정한 걸 좋아하는 젊은 사람들이 싫어하는 꼰대의 특성은 무엇일까? 말을 길게 하고, 재미가 없고, 불공정하다.

2017년 '김장겸은 물러나라'를 외치며 싸움을 시작했을 때,

나는 세 가지에 집중했다.

구호는 간단하게

매주 금요일 저녁 KBS나 MBC 사옥 앞에서 공영방송 정상화 집회를 했다. 이때 마이크를 잡고 일장연설을 늘어놓으면 사람들은 금세 지친다. 싸움의 이유를 구구절절 설명할 필요가 없다. 소셜미디어에 뜬 집회 소식을 보고 금요일 저녁 일곱 시에 상암동까지 달려온 사람이라면 우리가 왜 싸우는지 잘 안다. 수년 동안 망가진 공중파 보도를 보며 가슴 아파하던 이들이 도와주고 싶은 마음에 오는 것이다. 이들을 보도블록 위에 앉혀놓고 방송사가 어쩌다 망가졌는지, 왜 이제야 노조는 다시 싸움을 시작했는지 장시간 설명하는 것은 우리 편을 괴롭히는 방법이다. 구호는 간단해야 한다. 촛불 집회에서 "이게 나라냐" 한마디로 많은 것을 설명하듯, "김장겸은 물러나라!" 한마디로 싸울 수 있다. 긴 설명은 블로그에 올린 글로 대신하고 현장에서는 간단한 구호를 함께 외치며 싸운다. 어느 날 병상에서 집회 영상을 보던 이용마가 전화를 걸었다.

"민식아, 너 대학 다닐 때 데모 안 해봤지?"

"어떻게 알았어?"

"원래 386 운동권들이 구호를 외칠 때, 정해진 운율이 있어. 네 박자, 네 박자. 문화방송／ 망가뜨린＼ 김장겸은／ 물러나라＼. 이렇게. 그런데 너는 그냥 한 글자 한 글자 따박따박 강조하는 거야. 그걸 보고 느꼈어. 김민식은 데모도 안 해본 딴따라구나. 구호를 외치는 방식도 모르는구나. 그런데 너의 그 새로운 구호가 신선해서 더 좋아."

싸움은 재미있게

적들에게 괴로움을, 우리 편에게 즐거움을! 매주 집회에서 새로운 공연을 했다. 지누션의 〈말해줘〉를 개사해서 〈나가줘〉를 불렀다.

"오 말해줘. 왜 나를 내쫓았는지. 사장님은 왜 아직도 안 나가고 버티는지."

《일요일 일요일 밤에》〈게릴라 콘서트〉에 나가 불렀던 H.O.T.의 〈캔디〉도 개사했다. "단지 널 사랑해, 이렇게 말했지. 이제껏 준비했던 많은 말을 뒤로한 채. 언제나 니 옆에 있을게. 이렇게 약속을 하겠어. 저 하늘을 바라다보며"를 다음과 같이 바꿔 불렀다.

"제발 좀 나가라, 이렇게 말했지. 이제껏 망쳐왔던 MBC를 뒤로한 채. 언제나 출근할 때마다 이렇게 외쳐주겠어, 김장겸은 물러나라고."

사실 이 노래를 부를 땐 호흡이 딸려 가사 전달이 힘들었다. 10대 아이돌 다섯 명이 번갈아 춤추며 부르는 노래를 중년의

'돌아오라 마봉춘 고봉순' 집회 무대
'적들에게 괴로움을, 우리 편에게 즐거움을!'을 모토로 매주 집회에서 새로운 공연을
기획했다.

50대 나이에 혼자 소화하려니 참 힘들더라. 헉헉거리며 막춤을 추고 엉성한 랩을 하는 모습에 다들 빵 터졌다. 진기한 장면을 놓칠 수 없던 사람들은 휴대전화를 꺼내 영상을 찍었다. 페이스북에 올라온 영상을 보고, 친구들이 "우와, 집회 간 거야? 개념 인증!" 하고 댓글을 단다. 그럼 그 아래 댓글을 단다.

 '다음 주에는 우리 같이 올까?'

 그렇게 집회 참석자는 또 늘어간다. 역시 집회는 재미있어야 한다.

메시지는 공정하게

2012년 파업에 나섰다가 수년 동안 방송 화면에서 쫓겨난 아나운서와 기자 들이 마이크를 잡고 나섰다. '복면파업왕'이라 이름 붙이고 '누가 누가 더 억울한가' 경연을 펼쳤다. 분명 낯익은 얼굴인데 어느 순간 텔레비전에서 사라진 걸 깨닫는 순간 청중들의 안타까움은 커지고, 이제 저들을 다시 제자리로 돌려놓자는 메시지에 공감한다.

 더 많은 사람을 우리 편으로 끌어들이는 게 싸움의 기술이다. 그러기 위해서는 구호는 간단하고, 싸움은 재미있고, 메시지는 공정해야 한다.

적들이 알려준 '나를 존중하는 법'

이제와서 생각해보면, 2017년 싸움은 쉽게 끝날 수 있었다. 김 장겸 사장이 내 도발을 무시했다면 나 혼자 미친놈이 되고 말 았을 것이다. 또는 경위서를 보고 나를 불러 한마디만 하면 끝이다.

"김 차장, 경위서를 봤는데 뭔가 오해가 있는 것 같네. 나는 김 차장을 드라마에서 쫓아낸 적이 없네."

만약 김장겸 사장이 이렇게 나왔다면 나는 쿨하게 포기하고 물러났을 것이다. 하지만 이용마가 말한 대로 김장겸 사장은 약자에게 절대 약한 모습을 보일 사람이 아니다. 나를 불러 오해를 푸는 대신, 인사위에 회부해 징계 절차에 들어갔다. 실력행사로 밟아버리려고 했다. 그게 바로 이용마가 예상한 움직임이었고, 내가 바라던 바였다. 나는 김장겸 사장이 강하게 나오길 기다렸다. 그래야 더 세게 반격할 수 있을 테니까.

회사에 낸 경위서를 신문사에 기고하고 인터넷상에 올렸다. 공개적으로 묻기 시작했다.

"나를 드라마국에서 내쫓은 게 김장겸 사장님 아닙니까?"

대기발령이 나고 인사위에 불려갔다. 인사위원장인 백종문 부사장이 말했다.

"당신이 연출을 못해 드라마를 안 시킨 건데, 본인의 능력 부족을 탓해야지, 왜 사장을 원망하느냐."

내가 경위서에서 제기한 연출 배제 건에 대해서는 인사위원 누구도 답을 하지 않았다. 이제 '엔드 게임'을 시작할 차례다. 인사위가 다시 열릴 때를 대비해 준비한 전략이 있었다.

2016년에 개봉한 마블 영화 〈닥터 스트레인지〉에는 독특한 싸움법이 나온다. 주인공은 이기는 대신 끝없이 진다. 막강한 전력을 소유한 악당은 이렇게 말한다.

"너는 나를 절대로 이길 수 없어!"

닥터 스트레인지는 이렇게 응수한다.

"응, 나도 이길 생각은 없어. 대신 나는 너에게 지고, 또 지고, 끝없이 질 거야. 지고도 계속 싸움을 건다면, 적어도 그동안에 너는 승리하지 못할 테니까."

"싸움에서 계속 지는 건 고통스러울 텐데?"

"고통은 내 오랜 친구야."

영화를 보다가 감탄했다. 이런 싸움법도 있구나. 두 번째 인사위에 회부됐을 때, 닥터 스트레인지에게 배운 싸움의 기술을 적용했다. 끝없이 지는 것이다. 싸움을 끝내지 않는 것이다. 상대가 항복이라고 외치고 물러날 때까지 나의 타임루프 안에 상대를 가두는 것이다.

징계를 위한 인사위에서 징계 대상자에게는 소명할 수 있는 권한이 있다. 만약 내가 소명을 끝없이 계속한다면 그동안 인사위는 끝나지 않는다. 소명을 다 듣지도 않고 징계한다면 법적 효력이 생길 수 없다. 이제 나는 인사위에 불려간 징계 대상자가 아니라, 시간의 틀 속에 임원들을 가두는 마법사가 된다. 인사위가 끝날 때까지 임원들의 시간은 내 것이고, 나는 그들에게 하고 싶은 말을 마음껏 할 수 있다. 그게 나의 방어권이니까.

인사위 과정을 페이스북 라이브를 통해 생중계하기로 했다.

"공영방송 MBC의 주인은 국민과 시청자입니다. 만약 제가 공영방송의 사장인 김장겸 씨의 업무를 방해했다면, 그것은 시청자 여러분에게 죄를 지은 것이죠. 그렇다면 시청자 여러분께도 그 죄를 소명해야 합니다."

인사위를 페이스북 라이브로 중계하겠다고 했더니, 당시 MBC 경영진의 얼굴은 사색이 됐다. 인사위를 공개하는 경우가 어디에 있냐고 난리를 쳤다.

"아니, 죄를 지은 내가 공개하겠다는데, 벌을 주는 여러분이 왜 마다하시는 겁니까? 혹시 얼굴이 공개되면 곤란한 이유라도 있으신가요?"

인사위 출석을 앞두고 소명서를 A4 용지로 55쪽 썼다. 집에서 소리 내어 읽으며 리허설해보니, 다 읽는 데 다섯 시간 넘게 걸렸다. 오후 다섯 시에 인사위를 여니까, 임원들과 함께 불타는 금요일 밤을 보낼 각오로 나갔다.

'이제 임원 여러분의 금요일 저녁은 제 것입니다. 다 제 마음대로 하는 겁니다.'

중간에 화장실 때문에 소명을 마쳐야 할 상황이 생기면 안 되니, 성인용 기저귀를 구하려고 했다. 성인용 대형 기저귀를 구하는 게 쉽지는 않았다. 또 임원 회의실에 앉아 오줌을 싸는 건, 너무 가는 것 같아 참았다.

인사위에 회부되는 것은, 별로 유쾌한 경험은 아니다. 2017년 봄, 아름답지 못한 경험을 몇 번씩 했다. 올라갈 때마다 임원들과 1대 10으로 싸웠다. 괴로운 싸움에서는 어떻게 해야 할까? 상대도 괴롭게 만들어주면 된다. 오로지 임원들을 괴롭히려고 소명서에 이런 대목도 넣었다.

"《영어책 한 권 외워봤니?》가 출간된 지 일주일이 지나자 편집자에게서 전화가 왔어요. 출간 일주일 만에 온라인 서점

종합 베스트셀러 8위에 올랐다고요. 실감이 잘 나지 않았는데, 편집자가 그러더군요. '피디님, 이 정도면 초대박이 터진 거예요. 첫 번째 인세 정산이 이루어지는 3개월 후에는 피디님 통장으로 연봉의 절반이 들어갈 겁니다.' 제가 그랬어요. '저, 연봉 되게 높아요?' 저는 월급을 다 아내에게 줍니다. 다만 퇴근 후 집에서 쉬는 시간에 짬을 내어 책을 쓰고 칼럼을 써서 받는 원고료는 비자금 통장에 따로 관리합니다. 아내에게 허락받은 비자금 통장이죠. 첫 번째 인세 정산하는 날, 그 통장에 연봉의 절반이 훨씬 넘는 돈이 입금됐습니다. 제 용돈 통장이 이렇게 풍성했던 날은 처음 있는 일인데요. 다 제게 집필할 동기를 부여해주신 MBC 경영진 여러분 덕입니다. 저는 고마움을 모르는 사람이 아닙니다. 회사가 내게 드라마 연출의 기회를 주지 않은 덕분에 베스트셀러 작가가 됐노라 기회가 될 때마다 말씀드리고 있습니다. 퇴직 후 저술과 강연 활동을 하는 게 오랜 꿈이었는데, 이렇게 그 꿈을 이루게 될 줄 몰랐습니다. 어떤 분 덕분인지 인사를 드리고 싶습니다. 저를 주조정실로 발령한 사람은 누구입니까?"

임원들은 정말 괴로워했다.

"도대체 언제까지 우리가 당신의 자기 자랑을 듣고 있어야 하냐. 이제 그만 나가라."

조용히 한 말씀 더 올렸다.

"저 나름 베스트셀러 작가입니다. 여러분은 지금 작가 초청 강연을 무료로 듣고 계신 겁니다. 겨우 열 명 모신 자리에서 집중 과외를 들을 수 있는 기회입니다. 명강의로 이름난 제가 오로지 여러분을 위해 장문의 원고를 쓰고 이렇게 직접 낭송까지 해드리고 있지 않습니까? 불평하지 마시고 이런 행운이 온 것에 감사하면서 공부하는 마음으로 즐기셨으면 좋겠습니다."

빠른 속도로 피로감을 드러내는 임원 여러분께 힘을 불어넣기 위해 그분들 자신의 내용도 소명서에 넣었다.

"제가 요즘 '김장겸은 물러나라'고 외치고 있는데요. 김장겸 사장이 물러나야 할 이유가 뭔지 아십니까? 바로 이 자리에 앉아 계시는 인사위 여러분 때문입니다. 여러분처럼 무능하고 부도덕한 사람들을 임원 자리에 앉혀놓고 어떻게 제대로 회사를 운영한단 말입니까? 인사가 만사인데 말입니다."

임원들은 이 대목에서 자리를 박차고 나갔다. 임원들이 먼저 나갔으니 징계는 물 건너갔다. 소명을 듣지 않은 징계는 효과가 없으니까. 그 순간 나는 김장겸 사장이 참 안쓰러웠다. 인사위는 1대 10으로 싸우는 자리다. 혼자 떠드는 사람과 앉아서 듣기만 하는 사람, 양쪽 가운데 누가 더 힘들까? 내가 더 힘들다. 임원들이 불손한 나를 징계하려고 마음먹었다면 그냥 앉아서 버티기만 하면 된다. 내가 밤을 새워 떠들 수는 없으니까. 30분도 못 견디고 달아나는 임원들을 보며 생각했다.

저렇게 끈기도 부족하고 충성심도 없는 이들을 모아놓고 대장 노릇을 하겠다는 김장겸 사장도 참 가엽구나. 인사위에 올라가 임원들의 상태를 직접 두 눈으로 확인하고 나니 이길 수 있다는 자신이 들었다.

《손자병법》을 소개하는 책에 이런 글귀가 있다.

"《손자병법》은 싸움의 기술을 가르치는 게 아니다. '서로에 대한 존중'을 알려주려 하는 것이다."

나는 적들에게 타인을 존중하는 법을 알리려고 싸움에 나섰다. 그 과정에서 나는 스스로를 존중하는 법을 배웠다. 싸움은 스스로를 향한 존중을 시작하는 길이다.

해고자들이 만든 싸움의 무기

2012년 파업을 하며 어이없는 일을 많이 겪었지만, 그 가운데 가장 황당한 순간은 최승호 선배가 해고됐을 때다. 나는 인사위에 두 번 회부됐다. 처음엔 사장실 앞에서 길놀이를 하고 굿을 했다고 정직 3개월을 받았고, 두 번째 인사위에 회부됐을 때는 〈MBC 프리덤〉을 연출하고 팟캐스트 《서늘한 간담회》를 만든 공로를 인정받아 정직 6개월을 받았다. 170일 동안 치열하게 싸우고 열심히 파업 콘텐츠를 만든 공을 회사가 인정한 것 같아 기분이 좋았다.

어느 날 최승호·박성제 선배가 인사위에 회부되더니 한 방에 해고를 받아버렸다.

'엥? 저 두 분은 뭘 했다고 해고를 받았지?'

선배들께는 죄송하지만, 2012년 파업할 때 두 분은 후배들이 집회하는 건물 바깥 흡연구역에 선배들끼리 삼삼오오 모여 담배를 피우며 농담을 주고받던 멤버들이었다. 집회 참석도 열심히 하지 않은 선배들이 나도 못 받은 해고를 받다니? 나는 정영하 위원장에게 서운했다. 현 집행부 몰래 OB 선배들에게 비밀 지령을 내렸다고 생각했다. 부위원장인 나도 모르는 중대 임무가 있나 싶어 섭섭했지만 투쟁 중에 적을 속이기 위해서는 아군을 먼저 속여야 한다고 생각했기에 이해할 수 있었다. 집행부가 회의석상에서 위원장에게 "혹시 저희 모르게 최승호·박성제를 주축으로 별동대를 꾸린 것 아닙니까?" 하고 물었을 때, "위원장인 저도 회사에서 그 두 선배를 왜 해고했는지 모르겠습니다"라며 당황하는 모습을 보고 '그래, 저 정도 연기라면 드라마 피디인 나도 깜빡 넘어가겠어'라고 생각했을 정도다.

몇 년 후, 백종문 부사장이 외부인을 만난 자리에서 "최승호·박성제, 그 두 사람은 파업 때 잘못한 게 없어. 그냥 해고한 거야. 그러니까 해고 무효소송에서 그들이 이길 거야"라고 말한 녹취록이 나왔을 때, 정말 황당했다. 진짜 아무 이유 없이 두 사람을 해고한 것인가?

영화 〈공범자들〉을 보면 첫 장면에서 최승호 감독이 백종문 부사장을 찾아가 카메라를 들이대고 묻는다.

"나를 이유 없이 해고한 이유가 뭡니까?"

백종문은 아무런 말을 못 한다. 할 말이 없겠지, 본인 말 그 대로 이유 없이 해고했으니까.

2012년 파업 당시 정영하 위원장과 나를 비롯해 다섯 명의 노조 집행부에 검찰이 구속영장을 청구했다. 파업 도중에 현 집행부 다섯 명이 전원 구속된다면, 앞으로 싸움은 누가 이끌 어야 할까? 전임 집행부들에게 부탁해야 한다고 입을 모았다. 우리 집행부는 9기인데, 8기 위원장 이근행 선배는 이미 해고 된 상태였고, 7기 위원장이 박성제, 6기 위원장이 최승호 선배 였다. 우리가 구속되고 해고되면 이전 선배들이 한 명씩 집행 부를 맡아주면 되겠다 싶었는데, 회사에서 선제적으로 최승 호와 박성제를 해고해버렸다. 8년 동안 MBC 노조 위원장으 로 나선 네 명을 모조리 잘라버림으로써 경고를 보낸 것이다.

'조직을 위해 함부로 나서지 마라. 너희 개인의 삶이 힘들어 질 것이다.'

나는 이것이 김재철과 이명박의 패착이라고 생각한다. 최승 호와 박성제라고 하는 전투력 강한 언론인들의 구속구(본연의 힘을 억누르기 위한 장치. 애니메이션《신세기 에반게리온》에 등장 한다)를 해제하고 해방시켜버린 것이다. 이제부터 에반게리온 의 폭주가 시작한다.

이듬해 이명박이 대통령 임기를 마치고 내곡동 사저로 복귀하던 날, 퇴임 대통령을 맞이하는 인파 속에서 "4대강 수심 6미터, 대통령께서 지시하신 게 맞죠?"라는 질문으로 환영 분위기에 찬물을 끼얹은 이가 최승호 감독이다. 최승호 선배는 MBC에서 해고당하고 《뉴스타파》에 들어갔다. 이후 박근혜 정부 시절에 더 맹렬한 전투력을 보였다. 해고되지 않았다면 MBC에서 유배지를 떠돌며 낭인 생활을 했을 분인데, 해직 언론인이 된 덕에 펄펄 날아다녔다. 2016년에는 영화 〈자백〉으로 국정원의 민낯을 낱낱이 까발리기도 했다.

그해 초에 영화 〈곡성〉이 화제였다. 나는 영화 〈곡성〉이 〈자백〉의 예고편에 불과하다고 생각한다. 영화 〈곡성〉의 줄거리를 잠깐 살펴보자(이하 스포일러가 있습니다. 그런데 개봉한 지 5년이 넘은 영화를 아직도 안 보셨다면 어차피 관람하지 않으실 수도 있겠군요). 경찰 종구(곽도원)가 근무하는 마을에서 친족 살인 사건이 일어난다. 사건 배후에 산에서 혼자 사는 외지인(구니무라 준)이 관련되어 있다는 말을 들은 종구는 그를 찾아가 마을을 떠나라고 협박한다. 살인을 저지른 이들의 몸에서 두드러기가 발견되는데, 어느 날 종구 딸의 몸에도 같은 증상이 나타난다. 이웃집 노파에게 흉기를 휘두르는 등 조금씩 미쳐가는 딸을 구하기 위해 종구는 무당을 불러 굿을 한다. 무당(황정민)은 이게 다 종구가 외지인을 건드린 탓이라고 말한다. 종구는 마을 친구들을 모아 일본인이 사는 산으로 쳐들어간다. 그곳에 행방불명된 춘배가 좀비 모습으로 나타난다. 종구가 집에 돌아오니 집 안에는 피가 낭자하고, 피투성이가 된 딸혼자 남아 있다. 딸을 안은 종구가 속삭인다.

"걱정 마, 아빠가 정리해줄게. 아빠, 경찰이야."

자, 여기서 질문. 이 영화에서 가장 무서운 사람은 누구인가? 정신착란으로 사람을 죽이는 마을 사람? 정체를 알 수 없는 외지인? 함부로 살을 날리는 무당? 귀신인지 미친 여자인지 알 수 없는 여자? 공포영화에서 가장 무서운 사람은 항상엔딩에 등장한다. 모두가 죽고 나서 혼자 살아남는 그 사람. 영화 〈곡성〉에서 가장 무서운 존재는 바로 주인공인 경찰 종구다.

종구가 무서운 이유는 다음과 같다. 첫째, 경찰인 그는 무척 무능하다. 사건 현장에서 혼자 자빠지고 사람에게 물리고 소장에게 핀잔받기 일쑤다. 정전으로 파출소에 찾아온 여성을 보고 비명을 지르고 난리 친다. 그 바람에 도움을 청하러온 여자는 그냥 사라진다. 심지어 밤에 자다가도 가위에 눌린다. 이렇게 한심한 인물이 마을과 가족을 지키는 경찰이라는게 정말 무서웠다.

둘째, 종구는 공권력을 사적으로 동원한다. 딸을 지키려는마음에 친구들을 선동해서 곡괭이와 삽을 들고 외지인을 잡으러 간다. 죽다 겨우 살아난 춘배에게 집단 린치를 가하는 대목은 민간인 학살 장면을 연상시킨다.

셋째, 종구는 타자에 대한 악의적인 선동에 취약하다. '저 놈만 사라지면 마을에 평화가 올 것이다!'라는 선동에 넘어가 폭력을 휘두르는 경찰의 모습에서 유태인 학살을 주도한 나치나,《코란》을 암송시킨 후 칼부림을 자행하는 IS 전투원 모습이 겹쳐진다.

영화 〈곡성〉의 종구를 보면 〈자백〉에 나오는 국정원이 떠오른다.《뉴스타파》의 최승호 피디는 국정원에서 저질러온 간첩 조작 실태를 파헤쳤다. 〈자백〉의 국정원은 〈곡성〉에 나오는 무당과 범인과 경찰을 1인 다역으로 수행한다. '저자가 간첩이다! 종북 좌파 잡아라!' 하고 굿을 하고, 외로운 타자인 탈북자를 공권력이라는 이름으로 사냥하고, 고문과 회유로 선량한 시민을 간첩으로 만든다. 2012년 대선에서 댓글 공작으로 수세에 몰린 국정원이 탈북자 간첩 조작이라는 카드를 꺼내든 장면은, 종구의 마지막 대사를 떠올리게 한다.

"걱정 마, 내가 다 정리할게. 나 국정원이잖아."

영화 〈곡성〉이 무섭다한들 〈자백〉에는 못 당한다. 곡성은 실제 존재하는 지명이지만, 영화 〈곡성〉 속 스토리는 감독이 그려낸 허구다. 〈자백〉은 허구의 간첩을 만들어내는 내용이지만, 이 땅에서 일어나고 있는 현실이다.

허구와 현실 중에 "뭣이 중헌디, 뭣이 더 중허냐고!"

그 시절, 최승호·박성제·이용마 등 해고자들은 매주 토요일 아침 일곱 시에 청계산을 올랐다. MBC 예능 피디인 권성민은 '오늘의 유머' 사이트에 MBC 뉴스에 대해 죄송하다는 글을 올렸다가 부당전보를 당하고, 이후 MBC 상태를 설명하는 웹툰을 그렸다가 해고됐다. 해직자 산행 모임에 권성민 피디를 소개하려고 함께 청계산을 오른 날, 이용마가 나를 놀렸다.

"어디 감히 고작 정직 6개월 받은 잡범이 해고자들 모이는 자리에 나타나는 거야?"

"나처럼 열심히 파업한 사람은 정직 6개월이고, 노는 선배는 아무 이유 없이 해고하고, 만화 그린 후배는 괘씸하다고 해고하고. 회사가 너무 기준이 없어. 신상필벌이 확실해야 좋은 조직인데 말이야."

2017년 "김장겸은 물러나라"고 외치고 팟캐스트 《김어준의 파파이스》에 나가서 공영방송 MBC를 살려달라고 호소하고, 인사위에 올라가 치열하게 싸워서 받은 징계가 겨우 출근정지 15일이었다. 인사위원들이 나의 소명 도중에 내빼서 중징계를 할 수 없었던 탓이다. 그때도 이용마가 놀렸다.

"아, 아깝다, 김민식. 이번에는 해직 언론인이라는 훈장을 다나 했더니, 겨우 출근정지 15일이네. 해고도 아무나 받는 게 아니야."

어느 날 청계산을 오르다가 그즈음 개봉한 영화 〈7년-그들이 없는 언론〉이야기가 나왔다.《지식채널e》를 만든 김진혁 감독의 역작인데, 이명박 정권 초기 YTN을 장악하는 과정에서 해고된 기자들을 다뤘다. MBC와 KBS의 싸움에 초점을 맞춘 기록도 필요하지 않을까, 하는 말이 나왔고 최승호 선배가 제작 준비에 들어갔다. 파업 영상 자료를 모으고 해직 언론인들의 일상을 스케치한다는 소식을 들었다. 시골에서 요양 중인 이용마를 촬영 팀과 함께 찾아가 인터뷰도 했다.

최승호 선배가《뉴스타파》스튜디오에서 인터뷰를 하자고 했다. 평소에 산을 함께 타며 친분을 유지한 사이인데도 인터뷰어로 만나니 긴장됐다. 솔직히 나는 2012년 파업에 죄책감이 크다. 싸움에서 지는 바람에 너무 많은 사람이 고생했다. 더 잘 싸웠어야 하는데, 하는 아쉬움과 죄책감에 말문을 열기 쉽지 않았다. 최승호 감독이 의외의 질문을 던졌다.

"노조 하는 것에 대해 집에서 반응은 어땠어?"

예전에 누구에게도 하지 않았던 말이 툭 튀어나왔다.

"아내가 저더러 노조 집행부 하면 이혼하겠다고 했어요."

"그랬어?"

"그래도 당시엔 피할 수 없는 제안이어서 받았는데요. 그 때문에 지난 몇 년간 정말 힘들었어요. 회사에서 연출 배제당하고 타 부서로 전출되고 괴로울 때마다 아내에게 위로를 받고 싶었는데요. 그때마다 아내는 '그래서 내가 하지 말라고 했잖아? 그런데도 당신이 고집을 부려서 한 거고. 이 정도도 각오 안 했어?'라고 하더라고요. 선배님, 저는요, 회사에서 나를 박해하는 사장보다 집에서 나를 위로해주지 않는 아내가 더 미웠어요."

"아내도 옆에서 지켜보기 힘들어서 그랬겠지. 더 굳게 마음 먹으라고."

"제가요, 이번에 '김장겸은 물러나라'고 외쳤을 때도 집에 와서 아내에게 페이스북 동영상을 보여줬거든요. 아내가 그러더라고요. 당신이 이렇게까지 했는데, MBC 내부에서 아무도 따라하는 사람이 없잖아? 그럼 당신은 그냥 '또라이'야. 회사에서도 그럴걸? 저것 봐. 김민식 혼자 하고 말잖아. 왜? 쟤는 '또라이'니까. 당신 혼자 '또라이' 되고 말 텐데 당신 그거 감당할 수 있겠어?"

이야기하다가 갑자기 그 순간의 설움이 되살아나 펑펑 울었다. 나중에 영화 상영회에서 극장 대형 화면 가득히 눈물을 흘리는 내 모습을 볼 때마다 부끄러웠다.

'아, 끝까지 담담했어야 하는데, 왜 저기서 무너졌을까.'

〈공범자들〉을 처음 본 것은 부천 국제영화제에서였다. 언론 시사회를 함께 관람하다가 마지막 장면에서 깜짝 놀랐다. 2012년 이용마와 내가 구속영장 실질심사를 받으러 가면서 농담 끝에 웃음을 터뜨리던 순간을 까맣게 잊고 있었다. 최승호

영화 〈공범자들〉 관객과의 대화
〈공범자들〉의 개봉으로 여론 분위기가 바뀌었다. 대중의 열화와 같은 지지와 성원 속에 파업이 시작됐다. 2012년에 아무 이유 없이 회사가 해고한 사람이, 2017년 싸움의 무기를 들고 우리 곁에 돌아온 것이다.

선배는 노조 기록영상 중에 그 장면을 찾아냈다. 이용마와 내가 그 후 5년을 어떻게 사는지 아는 최승호 감독은 그 장면을 통해 그 시절의 이용마와 김민식을 위로해주고 싶었다고 했다. 활짝 웃으며 구속영장 실질심사를 받으러 법정에 들어서는 우리 둘의 모습을 보니 또 눈물이 났다.

2017년 초, MBC를 정상화해야 한다는 말을 향한 외부의 반응은 싸늘한 경우가 많았다. '이명박근혜 정부 10년 동안 방송을 망가뜨린 부역자들이 이제 와서 기어나온다'고. 최승호 감독의 〈공범자들〉이 개봉하면서 여론 분위기가 바뀌었다. 대중의 열화와 같은 지지와 성원 속에 파업이 시작됐다. 2012년에 아무 이유 없이 회사에 해고당한 사람이, 2017년 싸움의 무기를 들고 우리 곁에 돌아왔다.

다시, 투사가 되어

인사위에 불려 다니던 어느 날, 출근길에 회사 앞에 피켓을 들고 서 있는 시민 한 분을 발견했다. '김민식 피디의 징계를 반대한다', '김장겸은 물러나라'는 문구에 울컥했다. 자발적으로 MBC 사옥을 찾아온 시민들이 청경들의 제지 앞에서도 꿋꿋이 1인 시위를 하며 자리를 지켰다. 2017년 7월 13일, 민주언론시민연합 등 여러 시민단체가 모여 'KBS·MBC 정상화 시민행동'을 발족했다. '돌아오라 마봉춘 고봉순', 줄여서 '돌마고'라는 이름의 집회를 매주 금요일 저녁에 열었다. 1인 시위를 하시던 분들이 이제는 금요일 저녁, 집회에 찾아와 함께 촛불을 들었다.

8월 17일에는 《뉴스타파》에서 제작한 영화 〈공범자들〉이 개봉하며 전국 순회 상영회를 시작했다. 영화를 본 관객들은, 공영방송 정상화 싸움에 조금이라도 힘을 보태겠다며 돌마고 집회에 왔다. 9월 4일, MBC 노조는 총파업을 선언했다. 2012년에는 MBC 노조가 시작한 파업을 시민 사회가 응원했다면 2017년에는 시민들이 먼저 움직이고, MBC·KBS의 노조가 뒤따라 싸우기 시작했다. 양대 방송사 노조가 오랜 파업 패배의 트라우마를 딛고 다시 일어설 수 있도록 도와주신 시민 여러분께 감사드린다. 그 시절 나는 《시사IN》에 파업일기를 연재했다.

백수가 과로사한다더니. 파업하니 더 바쁘다. 영화 〈공범자들〉 '관객과의 만남'을 위해 부산·대구·대전 찍고 광주·제주까지 전국 '로드쇼'를 다니다가 목이 잠겼다. "김장겸은 물러나라", 너무 열심히 외쳤나 보다.

9월 4일 월요일, MBC 총파업 1일차. 오전 열 시에 언론노조 MBC본부 서울지부 총파업 출정식이 열렸다. 상암 MBC 본사 1층 로비가 언론노조 MBC본부 조합원들로 가득 찼다. 해직된 선배들도 왔다. 영화 〈공범자들〉로 흥행 감독의 반열에 오른 최승호 선배의 모습에 후배들이 환호한다. 언론노조 MBC본부 노래패 '노래사랑'이 무대에 올랐다. 부문별 막내들이 주축인데, 파업 이후 5년 동안 신입사원 공채를 하

지 않아 아직도 막내다. "이제 늙고 병들었지만, 다시 마이
크를 잡고 춤을 추겠다"는 너스레에 마냥 웃지만은 못 했
다. 2012년 파업 당시 뮤직비디오를 찍었던 〈MBC 프리덤〉을
다시 부른다. 지난 5년간, 내 이름으로 된 드라마를 못 만
들었으니, 2012년에 찍은 파업 영상이 나의 가장 최근 연출
작이다. "집에나 가, 김재철! 집에 갈 땐, 지하철!"이던 가사
가 바뀌었다. "이제 금방, 김장철, 집에나 가, 김장겸!"

오후 두 시, 언론노조 MBC본부 전국지부 총파업 출정식이
열렸다. 상경 투쟁을 위해 전국에서 달려온 조합원들 앞에
섰다.

"제게 예지몽을 꾸는 능력이 있어서 이 장면을 1년 전 꿈에
서 봤다면, 전국에서 올라온 언론노조 MBC 조합원들이 총
파업에 나서는 모습을 봤다면, 잠에서 깨어 이랬을 거예요.
'뭐 이런 개꿈이 다 있어.' 지난 5년간 회사 측의 끈질긴 탄
압 앞에서도 끝끝내 살아남아 이 기적 같은 순간을 만들
어주신 여러분, 정말 고맙습니다."

나는 두 번 다시 파업을 못 할 줄 알았다. 핵심 조합원들은
다 현업에서 쫓겨났다. 나만 해도 주조정실 엠디다. 엠디는
파업 열외 인력이다. 파업하면 한창 드라마를 만들고 있는
후배들이 제일 피해를 보는데, 주조정실에 있는 내가 어떻
게 파업을 하자고 나설 수 있을까. 아나운서도 마찬가지다.

쫓겨나 변방에 있는 선배 아나운서들이 현재 프로그램에 출연 중인 어린 후배들에게 파업을 독려할 수는 없는 노릇이다.

《뉴스데스크》 기자 가운데 90퍼센트가 경력 기자와 비조합원이다. 기자와 피디 들이 다 쫓겨나서 파업해도 방송 공백이 없다. 그렇기에 파업을 해도 효과가 없어서 엄두도 못 냈다. 그런데 지금 우리는 이렇게 한자리에 모여 총파업을 결의하고 있다. 《PD수첩》이 멈췄고, 라디오 프로그램에는 음악만 나가고 있다. 이렇게 큰 규모의 싸움이 다시 일어날 줄은 몰랐다. 난 아직도 현실이 믿기지 않는다.

오후 여덟 시에는 《스브스 뉴스》에 출연 녹화하러 SBS에 갔다. MBC 피디인데, 정작 MBC에서 연출은 못 하고 SBS에 출연하고 있다. 카메라 앞에서 이야기할 때마다 매번 긴장되지만, 오늘도 김장겸 사장의 '업적'을 칭송하기 위해 최선을 다한다.

9월 5일 화요일, 밤 열 시에 영화 〈공범자들〉 '관객과의 대화'를 하러 경기도 분당 메가박스에 갔다. 입사 동기인 신동진 아나운서가 관객과의 대화를 진행했는데, 마이크를 한번 잡으니 놓지 않는다. 명색이 관객과의 대화인데 관객 질문은 받지 않고 마이크를 독점하고 있다. 마이크를 잡은 게 6년 만이라 마이크 감촉이 너무 반갑다는 그의 말에 분위기가 숙연해졌다. 2012년 파업이 끝나고 아나운서국 친목 대회에서 피구를 했는데, 본부장이 자신에게 던진 공을 받아내서 상대 팀 배현진 아나운서를 맞혔단다. 객석에서 탄식이 터져 나왔다. 최승호 감독이 옆에서 머리를 흔들었다. "왜 그랬어!", "네가 그냥 맞았어야지." 일주일 후 그는 주조정실 엠디로 발령이 났다. 웃으면서 이야기하지만 당시 그는 얼마나 힘들었을까?

지난 5년, 우리는 공포영화 속 주인공처럼 살았다. 영화 〈나는 네가 지난여름에 한 일을 알고 있다〉의 주인공 같았다. '유배지'로 발령받고 저성과자 교육 명령이 떨어질 때마다 머릿속 기억을 뒤졌다.

'내가 언제 누구에게 어떤 잘못을 한 걸까?'

이번 파업, 꼭 이겨야 한다. 이들을 다시 방송 제작 현장으로 돌려보내야 한다. 이 영화의 마무리는 반드시 해피엔딩이어야 한다.

9월 6일 수요일 아침, 2012년 노동조합 집행부 동료들과 함께 집에서 요양하고 있는 이용마 기자를 찾아갔다. 많이 여위었지만 눈빛은 맑고 표정은 밝았다. 동기 용마에게는 늘 빚진 마음이다. 2012년 170일 파업을 마무리할 때, 안팎에서 비난이 쏟아졌다. 해고자들을 놔두고 어떻게 복귀한단 말이냐. 복귀했더니 회사는 우리를 유배지로 쫓아냈다. 해고된 그도, 변방을 떠도는 우리도, 볼 때마다 서로 미안하기만 했다.

김연국 언론노조 MBC본부장은 이렇게 말했다. "9월 4일 0시부로 우리는 모두 함께 투쟁하는 동등한 조합원"이라고, "경력 사원과 기존 공채 사원, 시니어와 주니어의 거리도, 유배자, 징계자, 그리고 해직자들에 대한 부채감도 이 시간부로 없는 것"이라고. 이번 싸움, 서로에게 미안하고 빚진 마음을 털어내는 멋진 싸움이 되기를, 마음의 상처를 씻어내는 힐링의 시간이 되기를 빈다.

2012년 170일 파업을 통해 절절히 느꼈다. 파업은 정말 괴롭고 힘들다. 40~50대 가장들이 월급을 포기하고, 생계를 포기하고 살아야 한다. 방송 만드는 낙으로 사는 기자·피디·방송인 들이 보도와 제작에서 손을 놓고, 텔레비전 화면으로 시청자를 만나던 아나운서들이 거리에서 전단을 나누며 시민들을 만나는 시간이다. 지난 5년, 우리는 MBC 뉴스를 보며 늘 부끄러웠다. 이제 이 부끄러움을 끝내야 할 시간이다.

이 글은 오래 쓰고 싶지 않다. 파업일기 연재 요청을 받았을 때, 담당 기자에게 한 말이다.

"딱 한 회만 쓰고 싶은 글입니다."

원고를 마감하는 지금 나의 소망은 파업일기 첫 회가 곧 마지막 회가 되는 것이다. 김장겸 사장이 나가야 유배 중인 피디·기자·아나운서·방송인 들이 제자리로 돌아가고 공영 방송이 정상화된다.

불의에 침묵하지 않는다는 것

2015년, 주조정실 엠디로 발령이 났다. 가보니 아나운서 대상을 받은 강재형 아나운서, 《뉴스타파》를 만든 이근행 피디, 황우석 사건을 취재한 한학수 피디, 〈남극의 눈물〉을 연출한 김재영 피디 등 MBC 스타 언론인들이 그곳에 있었다. 카메라 기자 블랙리스트 문건에 파업 참가자들을 세세하게 분류했던데, 주조정실은 유배지 중에서도 'A급 전범'들을 모아놓은 곳이었다.

엠디로 근무하며 MBC 뉴스 강제 시청이라는 징벌을 받다가 견디지 못한 나는 "김장겸은 물러나라"고 외치기 시작했다. 그로 인해 대기발령을 받았고, 그 후 심의국으로 발령이 났다. 그곳은 또 다른 수용소였다. 제작 일선에서 쫓겨났지만 그래도 온건한 성향의 선배들이 있었다. 휴먼 다큐멘터리의 대가로 존경받는 선배가 심의국에 유배된 걸 보고 안타까워 했더니, 그는 내게 이런 말을 했다.

"2012년 파업 이후, 사측에 대차게 들이받거나 싸우지는 않았어. 그냥 그들의 편에 서는 것만 거부했을 뿐이지. 후배들을 위해 싸우지 못했다는 죄책감이 늘 있어. 해고자나 징계받은 이들이 보기에 나는 아마 부역자일 거야."

MBC 예능국의 허항 피디는 《생방송 음악중심》을 연출한다. 매년 추석, MBC는 명절 특집 〈아이돌 육상 대회〉(이하 〈아육대〉)를 방송하는데, 평소 음악 프로그램을 연출하며 아이돌 그룹 멤버들과 친분을 쌓은 피디들이 연출을 맡는다. 아이돌들의 숨겨진 매력을, 노래하고 춤추는 무대가 아닌 육상 경기장에서 뽐내도록 〈아육대〉를 만드는 것이 그해 가을에 허항 피디가 할 일이었다. 허항 피디는 최고 인기 아이돌 그룹 섭외를 끝냈고, 작가들과 몇 달 동안 회의를 거쳐 대회 구성안을 마련했다. 남은 건 녹화뿐이었다.

〈아육대〉처럼 매년 정해진 포맷에 따라 방송하는 특집 프로그램일 경우, 촬영과 편집은 크게 어렵지 않다. 핵심은 기획과 섭외, 그리고 구성이다. 추석을 한 달 앞둔 9월 4일 녹화하기로 결정하고 그날에 맞춰 연습시켰다. 녹화를 두 주 앞두고 언론노조 MBC본부는 총파업 여부를 결정하는 투표에 돌입했고 그 결과 역대 최고의 투표율(95.7퍼센트)과 찬성률(93.2퍼센트)로 9월 4일 총파업에 돌입하기로 했다. 허항 피디로서는 참 난감했다. 하필 〈아육대〉 녹화 날 파업 개시라니.

'눈 딱 감고 그냥 하루만 일을 할까? 녹화만 하고 빠지면 된다. 편집은 비조합원 제작진에게 부탁하면 될 일이다. 바쁜 일정 중에 틈틈이 시간 내어 육상 종목을 연습한 아이돌 멤버들과 몇 달 동안 프로그램을 준비해온 작가들을 생각하면 그러는 게 맞지 않을까?'

그렇게 궁리하던 와중에 허항 피디는 영화 〈공범자들〉을 봤다. 영화에 방송 장악을 위해 부역한 '공범자들'의 모습이 화면을 채웠다.

'노조가 총파업에 들어가는데, 혼자 파업 대오에서 빠져 녹화하고 추석 특집을 방송하면, 그건 MBC를 장악하고 있는 김장겸 사장과 일당에게 힘을 실어주는 게 아닐까? 그럼 나도 저런 공범자들이 되는 게 아닌가.'

허항 피디는 녹화를 중단하기로 결정했다. 연예인 소속사 매니저들에게 전화를 걸어 상황을 설명하고 사과했다. 작가들을 만나 미안하다고 했다.

추석 특집 프로그램의 경우, 방송 이후 제작비가 정산되고 작가 고료가 나간다. 녹화를 접으면 지난 몇 달간 고생한 작가들에게 금전적인 보상을 해줄 방법이 없다. 녹화 중단 소식을 전하면서 너무 미안하고 죄스러웠는데, 작가와 출연자들이 오히려 허항 피디를 위로했다. '우리는 괜찮으니 힘내시라. 이번 기회에 MBC가 예전처럼 다시 좋은 직장으로 돌아오면 좋겠다'라고 허항 피디를 응원했다. 그는 전화를 붙들고 눈물을 흘렸다(9월 19일 영화 〈공범자들〉 이화여자대학교 상영회에서 허항 피디의 발언 요약).

2017년 9월, 파업 8일차 집회에서는 뉴스 조연출들의 파업 지지 선언이 이어졌다.

"저희가 이 자리에 서는 건 오늘이 처음이자 마지막이 될 것 같습니다. 저희는 《뉴스데스크》 편집부 소속으로 거의 모든 뉴스의 자막 교열을 보고, 생방송 진행을 담당했습니다. 그런데 오늘자 노조 특보를 보신 분들은 아시겠지만 저희는 오늘부터 출근하지 않기로 결정했습니다.

저희는 파견업체에서 파견된 비정규직 2년 계약직으로, 제작 거부는 곧 퇴사를 의미함을 잘 알고 있습니다. 그렇지만 저희가 저항할 수 있는 건 이 방법뿐이었습니다. 저희는 더는 마음을 좀먹는 이런 뉴스를 하고 싶지 않았습니다. 하루하루 너무 부끄러웠고, 퇴근하고도 자괴감과 회의감에 잠을 이룰 수 없었습니다. 선배들께서 제작 거부에 들어가고 나서는 더욱 심해졌습니다. 우리가 부역자인 것 같다는 생각이 떠나지 않았습니다. 저만 이런 생각을 하는 줄 알았는데, 알고 보니 저희

다섯 명이 모두 같은 생각을 하고 있었습니다. 다 같은 생각이라는 걸 알았을 때는 더는 가만히 앉아 있을 수 없었습니다.

모두가 우리 같은 소모품들이 무슨 일을 할 수 있겠냐고 묻습니다. 가만히 있으면 중간이라도 간다고 합니다. 저희가 나간다고 해서 바뀌는 게 있을까 수없이 고민했습니다. 그리고 한편으로는 당장 먹고살 걱정에 막막하기도 했습니다. 하지만 저희의 선택에 후회는 없습니다. 앞으로 MBC가 정상화됐을 때 저희는 이곳에 돌아올 수 없겠지만, MBC가 국민의 품으로 돌아가는 데 저희의 용기가 미약하게나마 도움이 된다면 그걸로 더할 나위 없을 것 같습니다(조연출 권혜민·김푸름·민수지·신예은·양세연의 지지 선언 중에서)."

파업을 앞두고 교양 피디들은 보직 선배들을 향해, 김장겸 사장 체제를 떠받들지 말고 내려오라고 요구하기 시작했다. 더는 부역자로 살지 말라고. 보직 부장 가운데 하나가 그랬단다.

"지난 몇 년, 교양국이 공중분해되고 일하는 사람들 다 쫓겨났을 때, 나는 남아서 MBC 다큐멘터리의 명맥을 이어가기 위해 최선을 다했어. 열심히 일을 하고도 부역자라고 욕을 먹고 있으니, 나는 피해자라고."

부역자가 아니라 피해자라고 말하는 사람과, 피해자가 아니라 부역자라고 말하는 사람. 파업에 참여하는 바람에 많은 이들에게 피해를 끼쳤으니, 나는 피해자가 아니라 가해자라고 말하는 사람. 부역자로 일하는 게 괴로워 사표를 썼지만 자신들은 피해자가 아니고 여러분도 가해자가 아니니 우리에게 미안해하지 말라는 사람. 선량한 사람을 부역자로 만드는 사람은 누구이고, 부역자를 피해자로 둔갑시키는 사람은 누구인가?

여러분의 분노가 우리를 살렸습니다

2017년 겨울, 이용마 기자와 함께 안종필 자유언론상 특별상을 수상했다. 그해 본상은 전국언론노조 MBC·KBS 양대 본부가 받았다. 투병 중인 이용마는 시상식에 참석하는 대신 수상소감문을 보내왔다.

"지난 몇 년, 정도를 걷고자 하는 많은 언론인들이 고초를 겪어야 했습니다. 안종필 선생님과 동료들이 싸우면서 만든 동아투위와 마찬가지로 또다시 해직자가 양산됐습니다. 하지만 우리는 싸움을 멈추지 않았습니다. 아니, 멈출 수가 없었습니다. 우리가 겪고 있는 숱한 고난들이 자유언론을 위한 밑거름이 될 것이라고 확신하기 때문입니다."

자유언론상 시상식장에 기자인 이용마 대신 딴따라인 내

가 나가 상을 받는 게 너무 부끄러웠다. 그래서 수상소감 대신 춤을 추고 노래를 불렀다.

"김장겸은 물러나라, 썩 꺼져라, 왜 아직도 안 나가니?"

아래는 글로 대신한 수상소감이다.

안종필 자유언론상 수상 소식을 전해 듣고 저는 무척 난감했습니다. 평생 코미디를 연출하는 피디로 살아온 제가 과연 이 상을 받을 자격이 있을까. 저는 스스로를 언론인이라 생각해본 적이 없습니다. 과연 진짜 언론인은 누구일까요? 그 고민을 해봅니다. 본상을 함께 수상하는 언론노조 MBC본부 동지들을 생각합니다. 2012년 170일 파업의 패배이후, 노동조합을 함께 지켜온 고마운 조합원들의 얼굴을 하나하나 떠올려봅니다. 그중에서도 떠오르는 얼굴이 있습니다. 2012년 이후 MBC 노동조합이 고난의 길을 갈 때, 민주방송실천위원회(이하 민실위) 간사로 일한 기자들입니다. 바로 김병헌·장준성·이호찬·남상호 기자입니다. MBC가 가장 처참하게 망가졌을 때, 그들은 MBC 뉴스의 내부 감시자로 살았습니다.

지난 2년, 저는 주조정실에 유배되어 엠디로 근무했습니다. 근무 시간에서 가장 괴로운 때가 뉴스 시간이었습니다. 뉴스가 너무 웃겨서 코미디 피디인 저는 절망했습니다. 뉴스로 다뤄야 할 뉴스를 뉴스로 만들지 않으니, 뉴스 같지도 않은 뉴스가 그 시간을 채웠습니다. 코미디였습니다. 동물들이 주인공이었습니다. 유튜브 화제의 동영상은 몇 번씩 우려먹었습니다. 날씨와 건강, 생활에 유익한 뉴스라고 하는데, 볼수록 영혼은 피폐해지고, 어딘가 몸이 아파오는 그런 뉴스였습니다. 집에서 텔레비전을 보고 있었다면 콘센트를 잡아 뽑거나 리모컨을 던졌을 뉴스였습니다. 그런 뉴스를 무사히 안전하게 송출시키는 것이 엠디로서 저의 직무였습니다. 어쩌면 이것이 MBC 내에서 최악의 극한 직업이 아닌가 생각했는데요. 어느 날 노동조합이 발간한 민실위 보고서를 보았습니다. 노동조합 민실위에서 MBC 뉴스를 모니터하고 정기적으로 보고서를 발간했습니다.

뉴스를 그냥 보는 것도 힘든데, 보고서를 작성하기 위해 모니터하고, 리포트한 기자나 보도국 데스크에 전화를 돌려 취재 경위를 묻고 따지는 이들이 있었습니다. 모두가 MBC 뉴스를 외면하고 있을 때 그들은 두 눈 부릅뜨고 뉴스를 봤습니다. 그리고 보도국 기자들에게 당신들이 만드는 뉴스를 우리가 감시하고 있다고, 두 눈 똑바로 뜨고 지켜보고 있으니 제발 뉴스 좀 제대로 만들라고 충고와 경고의 메시지를 민실위 보고서에 꾹꾹 눌러 담았습니다. 그렇게 만든 민실위 보고서는 보도국장의 손에 찢기거나, 쓰레기통에 버려졌습니다. 기자들에게 노조 민실위 간사와는 만나지도, 통화하지도 말라는 엄명이 내려졌습니다. 보도국에서 근무하던 기자는 노동조합에 와 민실위 간사를 맡은 후 보도국으로 돌아가지 못했습니다. 구로에 있는 뉴미디어 포맷 개발센터로 쫓겨나거나(김병헌), 정직 3개월 징계를 받거나(장준성), 시사제작국으로 발령이 났습니다(이호찬).

MBC 노동조합이 가장 힘들고 어려운 시절, 가장 괴롭고 핍박받는 일에 나서준 민실위 간사들을 생각합니다. 이들에게 고마움의 인사를 전합니다. 여러분을 생각하며, 저는 뉴스 강제 시청이라는 징벌을 달게 받았습니다.

그중 이호찬 기자가 지난겨울 광화문 촛불 집회 무대에 올랐던 장면을 기억합니다. 박근혜 정부의 언론장악을 고발하기 위해 발언에 나선 이호찬 기자는 시민들에게 온갖 야유를 받았습니다. MBC 기자라는 소개에 그는 "엠빙신 꺼져라!"는 소리를 들었습니다. 당시 이호찬 간사는 야유를 한 몸에 받으면서도, MBC 신임 사장 선임 과정에 시민들이 좀 더 관심을 기울여달라고 부탁했습니다. 시민들은 "MBC는 이제 안 본다. 우리는 JTBC 본다"라며 야유했습니다. 이호찬 기자가 민실위 간사로 일하며 회사로부터 어떤 핍박을 받았는지 잘 아는 저는 단상의 이호찬 기자를 보며 몰래 눈물을 흘렸습니다.

저는 겨울의 촛불 광장에서 배웠습니다. 지난 5년, MBC 노동조합이 할 수 있었던 최선은 MBC 뉴스를 감시하고 민실위 보고서를 내는 것이었습니다. 우리의 최선이 부족했다고 시민은 우리에게 가르쳐주셨습니다. 진짜 언론이 가야할 길이 무엇인지 욕설로, 팔뚝질로, 고성으로 보여주셨습니다. 김장겸 사장의 MBC는 박근혜 정부를 비호하는 온갖 가짜 뉴스를 양산했지만 시청자들의 철저한 외면을 받았습니다. MBC 《뉴스데스크》 시청률이 3퍼센트대로 떨어지고, 시민들이 불신하는 언론 2위에 올랐습니다(1위는 《조선일보》). 저는 안에서 망가진 뉴스를 보며 속을 끓였지만, 정작 밖에서는 알아서 피하고 외면하고 욕하고 있었습니다. 지난 9년간 공영방송이 철저히 망가져갈 때 시민들은 팟캐스트를 듣고 띄우고 공유하면서 언론의 대안을 스스로 만들어왔습니다. 촛불 시민은 권력에 장악된 언론과 싸워 이겼습니다. 촛불 혁명이 아니었다면 해고자들은 MBC로 돌아오지 못했을 것입니다. 기자·피디·아나운서 들은 스케이트장과 드라마 세트장을 떠돌다가 또 해고됐을 것입니다. 여러분의 분노가 우리를 살렸습니다. 촛불 시민 여러분께, 이 자리를 빌려 다시 한 번 감사 인사 올립니다. 여러분이 진짜 언론입니다. 존경합니다. 고맙습니다.

– 김민식, 〈촛불 시민, 권력에 장악된 언론과 싸워 이겼다〉, 《시사인》, 2017.11.08.

앞으로 내가 가야 할 길

2012년 파업 때, 끝끝내 파업에 동참하지 않은 사람이 있었다. 20대에는 운동권으로 독재 타도와 민주화를 부르짖던 그가 나이 마흔에는 김재철의 부역자가 됐다. 그의 변절이 너무 실망스러웠다. 후배에게 물었다.

"그 부장님은 왜 파업에 안 내려오는 거니?"

후배가 민망해하며 말했다.

"기러기 아빠잖아요. 이해하세요."

파업을 하면 월급이 안 나온다. 적금을 중단하고, 모아둔 비자금을 털어 몇 달을 버틴다. 그런데 기러기 아빠일 경우, 아이의 조기 유학 자금과 생활비를 해외로 송금하느라 매달 꼬박꼬박 수백만 원이 나간다. 파업에 동참하면 가정 경제에 주는 부담이 크다는 건 알지만 이해할 수는 없었다.

"아니, 아이 영어 공부 시킨다고 부모가 양심을 파는 게 말이 돼?"

신문을 읽다가 이런 기사를 봤다.

양승태 대법원의 사법농단 의혹이 사법부의 존립 기반을 뿌리부터 흔들고 있다. 재판거래 의혹이 제기된 사건 중 하나가 강제징용 배상 재판이다. 양승태 대법원은 재판을 미루고 과정을 뒤틀어서, 고령인 강제징용 피해자들이 세상을 떠날 때까지 끝내 한을 풀지 못하게 했다. 재판 연기로 얻고자 했던 것은 겨우 '판사의 해외 근무'였던 것으로 현재까지 파악됐다.

－〈징용 피해자는 세상을 떠났고 판사는 해외로 나갔다〉,《한겨레》, 2018.08.04.

주조정실에서 가장 화가 날 때는, 김재철 사장 밑에서 부역하던 이들이 미국 특파원이랍시고 마이크를 잡고 나올 때였다. 해외 파견에 목을 매는 것은 기자나 판사나 똑같구나 싶었다. 그래서 더 치미는 분노를 다스리기가 힘들었다. MBC 기자와 판사의 공통점은 상부의 지시를 거역한다고 해서 굶어 죽지는 않는다는 점이다. 파업을 주도하다가 잘려도 노조가 임금보전을 해주는 곳이 MBC고, 판사는 여차하면 변호사로 개업해서 살아도 된다. 권력을 견제하고 감시해야 하는 전문가들이 양심을 팔았다. 고작 해외 파견 나가서 자식들에게 조기유학이라는 경험을 제공하기 위해.

MBC가 정상화된 후 드라마국에 복귀했지만, 마음속 심연의 상처는 나를 들여다보고 있다. 어느 날, 지나가던 드라마국 선배가 밥 한번 먹자는 이야기를 했다. "네, 선배님!" 하고 웃으며 지나갔다. 날짜를 잡지는 않았다. 그다음에 선배를 만나도 웃으며 지나칠 뿐 약속을 잡지는 않는다. 그 선배는 내가 쫓겨날 때 아무런 위로도, 도움도 주지 않았다. 이제 와서 마주 앉아 웃으며 밥을 먹을 자신이 없다.

사람의 그릇이 어찌 그리 작으냐고 흉을 봐도 할 수 없다. 내 속에는 아직도 풀리지 않은 한이 남아 있다. 드라마 연출의 전성기는 40대다. 한창 일해야 할 나이에 쫓겨났다. 나이 쉰을 넘겨 복귀했지만, 이제는 드라마 감독으로서 경쟁력이 떨어진다. 드라마 피디는 시청자 동향에 민감한 직업이다. 매년 새로운 작가와 배우가 쏟아진다. 변방에서 산 7년 동안 연출 감각도 시장 감각도 다 잃었다. 최근, 재미난 대본을 보고 연출 의사를 밝혔지만 작가가 난색을 표하는 바람에 기회를 놓쳤다. 정치색이 너무 짙어 부담스럽다는 이야기도 들었다.

연출이 힘들다면 조직 관리라도 해야 하는데, 보직자도 쉽지 않다. 2012년 파업 당시 조합원의 집회 참여를 독려하며 살았다. 6개월 동안 싸우며, 파업에 열성적이었던 사람과 그렇지 않은 사람을 하나하나 다 기억하고 있다. 리더의 역할은 구성원의 다양한 정체성을 존중하고, 화합을 일구어내는 것이다. 나는 그걸 잘해낼 자신이 없다. 나는 퇴물이다. 퇴물은 그나마 괜찮다. 높은 자리를 탐내다가 괴물이 될까 두렵다. 상처가 많은 사람이 부장이 되었다가 조직을 망가뜨린 일이 남일 같지 않다. 이제 나는 어떻게 살아야 할까?

주조정실에 발령이 났을 때, 임채원과 서정문이라는 두 후배를 만났다. 2006년에 교양 피디로 입사한 두 사람은 2012년 파업 때 어린 나이에도 막강한 전투력을 자랑하며 부역자들과 싸웠다. 파업이 끝난 뒤, 어린 후배들은 교양국에서 쫓겨나 다양한 부서를 떠돌았다. 5년 일하고 5년 낭인으로 살았으니 참으로 불운한 세대다.

내게 송출 업무를 알려주며 철야 근무를 함께하던 임채원 피디가 먼저 주조정실을 떠났다. 몇 년을 주야간 교대 근무를 하다가 건강에 문제가 생겼다는 사실을 알았기에 그의 발령 소식이 진심으로 기뻤다. 힘든 와중에도 일본어를 공부하고 《문화적 냉전, CIA와 지식인들》이라는 사회과학 서적을 번역까지 한 재주 많은 후배다. 임채원과 이야기를 나누다보면 이렇게 재미난 친구가 교양 피디라는 게 아까웠다. "너 나중에 교양국에서 잘 안 풀리면 나와 같이 시트콤 하자"라고 진지하게 제안했지만, 교양국에서 대성할 것 같아 나만의 짝사랑이 될 듯하다.

서정문은 한창 일할 나이에 유배지를 떠돌며 육아에 집중하더니 《경향신문》에 육아일기를 연재하기도 했다. 지금도 그의 브런치 글을 보면서 늘 감탄한다.

'어린 나이에 글과 말과 삶의 일치를 이루었구나!'

2017년 봄, DMB 주조정실에서 근무하던 서정문 피디가 교양국으로 발령이 났다. 먼저 현업으로 돌아가는 그에게 사람들이 축하 인사를 건넸다. 서정문은 남은 이들에게 미안해했다. 그에게 말했다.

"여기 남은 선배들은 신경 쓰지 말고 가서 즐겁게 일해. 제작국에서 잘 버텨. 당신처럼 젊은 후배들이 MBC의 미래야. 나는 잘나가던 회사에 들어와 조직이 내리막을 걷는 모습을 지켜봤어. 당신의 연출 경력은 바닥부터 시작하는 거야. 올라갈 일만 남았어. 나는 MBC 몰락의 주범이지만, 당신은 부활의 주역이 되는 거지. MBC의 미래는 당신이 얼마나 잘해주느냐에 달려 있어. 잘 부탁해."

반짝반짝 빛나는 두 후배가 주조정실을 떠나 서운했지만 그래도 다행이라고 애써 위로했다. 그런데 제작국으로 발령날 줄 알았던 임채원 피디는 노조 탈퇴 요구에 반발했다가 구로디지털단지의 유배지로 다시 쫓겨나고, 《PD수첩》을 맡은 서정문 피디는 아이템 선정을 두고 매번 받는 부장의 제지와 압력으로 괴로워했다. 김장겸 체제가 출범한 후, 두 후배의 수난사를 지켜보며 많은 생각이 들었다. 드라마 피디로서 전성기가 이미 끝난 나와 달리 임채원과 서정문은 기회만 주어진다면, 연출로서 기량을 꽃피우고 MBC에 부활을 가져다줄 것이다. 그렇다면 내게 주어진 역할은, 드라마국으로 돌아가기위해 회사의 눈치를 살피는 것이 아니라, 이들이 제대로 일할수 있도록 회사를 바꾸는 일이 아닐까?

2017년 MBC 정상화 투쟁 결과, 두 피디는 교양국에 복귀했고, 지금은《PD수첩》을 연출하고 있다. 임채원 피디는 검사 범죄 2부작을 만들고, 〈4대강 가짜뉴스, 그리고 정치인〉편을 연출해 세간의 화제가 되었고, 서정문 피디가 코리아나 호텔 방용훈 사장을 취재한 〈호텔 사모님의 마지막 메시지〉는《PD수첩》최고 시청률을 갱신하기도 했다. 두 사람은 함께《PD수첩》〈양승태의 부당거래〉편도 연출했다. 이 글을 쓰는 도중, 낭보가 들려왔다. 2019년 11월 25일 MBC《PD수첩》제작진이 제29회 민주언론상 본상을 수상했다고 한다.

2012년 파업 때 찍은 두 장의 사진이 있다(본문 88쪽 사진 참조). 함박눈이 내리는 바람에 집회에서 파카를 입고 구호를 외치며 단체 사진을 찍었다. 한여름에도 싸움은 끝나지 않았다. 이번에는 반팔을 입고 똑같은 구도로 다시 찍었다. 170일의 기나긴 싸움 동안 파업 대오는 흐트러지지 않았다. 임채원·서정문 같은 젊은 후배들이 든든하게 받쳐준 덕분이다. 사진 속 수많은 후배들의 밝은 웃음을 보며 생각한다.

내가 꼭 무엇이 되어야, 혹은 무엇을 해야 MBC가 좋아지는 게 아니다. 후배들이 마음껏 즐겁게 일할 수 있도록 길을 내어주는 것이 나의 역할이다. 이들이 MBC의 희망이다. 나에게는 개인적인 소명이 따로 있다. 재주 많고 역량 있는 후배들을 가로막는 괴물은 되지 않을 것이다. 그걸 위해 꾸준히 책을 읽고 글을 쓴다.

[우리의 일이 놀이가 되려면]
아이들이 행복한 나라

- 《세상은 바꿀 수 있습니다》

이 책의 원고를 쓰면서 힘든 순간이 있었다. 이용마 기자가 세상을 떠났을 때다. 이 기자의 어린 아들인 현재와 경재도 생각나고 병상에서 본 마지막 모습이 계속 머릿속을 맴돌았다. 프롤로그에 쓴 이용마와 병상에서 나눈 대화는 초고에 없던 내용이다. 우리 둘만의 기억으로 남겨두고 싶은 장면이었지만, 원고를 수정하는 과정에 써넣었다. 현재와 경재, 두 아이가 이 책을 본다면 알려주고 싶었다. 아빠가 어떤 사람이었는지, 내가 그들의 아빠에게 얼마나 큰 빚을 진 사람인지. 원고를 다시 쓰다가 용마의 49재를 맞았다. 원불교 강남교당에서 49재를 치른다는 연락을 받고 '이용마가 원불교 신도였나?' 새삼 궁금했다. 용마가 떠난 후, 용마에게 묻고 싶은 게 생기면 그가 남긴 책을 다시 읽는다.《세상은 바꿀 수 있습니다》에 이런 대목이 있다.

나는 암을 치료하기 위해 전북 진안에 있는 원불교 만덕산 훈련원의 유기농 법인에 잠시 머문 적이 있다. 이곳에서 원불교는 하나의 공동체라는 것을 느꼈다. 다 함께 일하고 다 함께 나누며 살아간다. 공산주의 사회와 비슷하다. 네 것, 내 것이 중요치 않다. 돈에 대한 고민도 상대적으로 적다. 소유의 개념이 희박하니 차별이나 불평등도 적을 수밖에 없다. 시간이 남으면 수양을 한다. 물론 이곳에서 생활하는 사람들에게도 나름대로의 고민이 있을 것이다. 하지만 항상 직장 생활에 쫓기고, 돈의 노예로 살아가는 현대인들과 비교해보면 이렇게 조금은 느리게 살아가는 것이 더 좋지 않나 생각할 때가 많다.

– 이용마,《세상은 바꿀 수 있습니다》, 창비, 14쪽.

복막 중피종이라는 불치병에 걸렸다는 말을 듣고 이용마는 어린 두 아들을 떠올렸다.

"당장 20년 치의 생활비를 마련할 수는 없고, 돈 말고 내가 남겨줄 수 있는 것이 무엇일까 고민을 했다. 그때 퍼뜩 떠올랐다. 돈보다 더 소중한 것이 있다. 바로 나의 경험이다."

이용마가 아이들에게 자신의 소중한 경험을 남기려고 쓴 책이 《세상은 바꿀 수 있습니다》이다. 아이들이 행복하려면 좋은 공동체를 만들어야 한다. 나는 첫 직장에서 영업사원으로 일했다. 매달 말에 영업 실적이 공개되고, 분기 말에 판매목표를 달성하기 위해 대리점에 밀어내기를 할 때도 있었다. 대리점으로서는 물량을 떠안고 재고 부담에 결재 부담까지 안지만, 본사 직원의 할당량을 맞추기 위해 울며 겨자 먹기로 떠맡는 경우도 있었다. 매월 실적에 따라 보너스와 월급 명세서가 달라졌다. 숫자에 따라 일희일비하는 삶이 힘들어 사표를 쓰고 나왔다. 좀더 행복한 공동체에서 일하고 싶었다.

MBC에 입사했다. 1990년대 MBC는 강한 노조를

바탕으로 제작 자율성을 쟁취했다. 즐겁게 일하고 성과는 모두 사이좋게 나눴다. 광고 판매가 잘된다고 기업의 소유주인 오너 집안에 이윤이 흘러들어가거나, 2세 경영자에게 찍힌다고 찬밥이 되는 회사가 아니다. MBC는 내가 꿈꾸던 조직이었다. 아마 이용마가 원불교 공동체에서 편안함을 느낀 것도 MBC 노조의 일원으로 살아왔기 때문이 아닐까?

아이들이 행복한 나라를 만들려면 공동체 정신이 되살아나야 한다. 모두가 행복한 나라를 위해 무엇을 해야 할까? 2017년 3월 11일 제20차 광화문 촛불 집회에서 이용마는 "사회적 적폐의 청산은 무엇보다 검찰과 언론을 바로 세우는 데서 출발해야 한다"고 말했다. 병상에 누워서도 항상 세상일을 고민하던 이용마가 마지막까지 주장했던 것은 국민대리인단 제도였다.

현재 우리 검찰과 언론이 제 역할을 못 하는 이유가 무엇일까? 나는 그 이유가 단 하나라고 생각한다. 검찰과 언론의 인사권을 정치권력, 특히 대통령이 쥐고 있기 때문이다. 대통령이 사실상 검찰총장이나 언론사 사장을 임명하는 상황에서 검찰이나 언론이 정치권력으로부터 독립하는 것은 불가능하다. 검찰과 언론의 인사권을 국민에게 돌려줘야 한다. 대통령을 선출하듯이 전 국민이 직접 뽑을 수는 없지만, 추첨을 통해 뽑힌 국민 대표에게 맡기면 이 문제를 간단히 해결할 수 있다. 바로 국민대리인단 제도다.

– 같은 책, 348쪽.

　　엘리트는 어느 사회에나 존재하고, 한 사회를 이끌어가는 중요한 역할을 한다. 하지만 지난 몇 년 사이에 기자는 '기레기'가 됐고, 검사는 '검새'가 됐다. 언론과 검찰 엘리트에 대한 불신과 불만이 터져 나왔다. 편협한 조직 논리에 갇혀 있으면서도 자신들만이 진리를 담은 양 큰소리친 결과, 이제는 개혁의 대상으로 전락해버렸다.

시대에 뒤떨어진 엘리트는 과연 누가 개혁해야 하는가. 이들을 바꾸지 않으면 개혁은 절대 성공하지 못한다. 혁명보다 개혁이 훨씬 어렵다고 하지 않았던가. 폐

쇄적인 엘리트를 뛰어넘으려면 대중의 집합적인 지혜에 의지하는 수밖에 없다. 상식에 입각한 대중의 의견이 의사결정 과정에 직접 영향을 미칠 수 있도록 대의민주주의의 한계를 넘어서야 한다.

– 같은 책, 359쪽.

이용마의 말대로 우리는 세상을 바꿀 수 있다. 아니, 바꿔야만 한다.

"이 사회를 지금부터 바꾸어나가야 우리 아이들 세대에 이르러서는 더욱 아름답고 평화로운 삶을 누릴 수 있지 않겠는가."

이용마의 꿈이 이루어지길 함께 소망한다.

'돌아오라 마봉춘 고봉순' 집회 무대에서 이용마 기자와 함께
병상에 누워서도 항상 세상일을 고민하던 이용마 기자. 그의 말대로 우리는 세상을 바꿀 수
있다. 아니, 바꿔야만 한다.

김민식과 MBC 동료들, 7년 싸움의 기록

	2011년
1월	MBC 사측이 MBC 노동조합과의 '단체협약'을 무단으로 해지하다.
	조합원 대상으로 설문조사를 실시하다. 설문 결과, '김재철 사장의 연임'에 구성원의 92.4퍼센트가 반대표를 던지다.
2월	김재철 사장의 연임이 확정되다. 2014년 2월까지 김재철 사장의 임기 보장.
	MBC 노동조합 9기 집행부가 출범하다(정영하 위원장, 정대균 수석부위원장).
3월	사측이 《PD수첩》의 피디 여섯 명을 무단으로 퇴출시키다.
4월	김재철 사장이 라디오 프로그램 《세계는 그리고 지금은》 진행자인 김미화 씨의 사퇴를 요구하다.
	《PD수첩》 이우환·한학수 피디의 부당 전보 인사가 이루어지다.
5월	시사평론가 김종배 씨가 《시선집중》에서 강제 하차당하다.
	《PD수첩》 말살을 기도하고 라디오 본부 진행자를 무단으로 퇴출한 사측의 행동에 항의하는 농성을 벌이다.
7월	《시선집중》에 출연 예정이던 김여진 씨가 강제퇴출당하다.
	윤도현·김어준 등 라디오 진행자 및 출연자 들이 강제퇴출당하다.
	언론사 초유의 무단협(단체협약 유효기간 만료) 사태가 벌어지다. MBC 노동조합은 쟁의행위를 준비하기로 결의한다.
8월 4일	파업 찬반투표를 실시하다. 파업의 주요 목적은 2010년 임단협(임금과 단체협약권) 쟁취 및 공영방송인 MBC 공정성 회복이었다.

8월 18일	투표율 91.8퍼센트, 찬성율 78퍼센트로 총파업이 가결되다.
9월	사측, 《PD수첩》 광우병 관련 보도로 제작진을 징계하고 사과방송을 내보내다.
9월 15일	총파업을 통보했으나 파업 직전에 극적으로 단체협약이 타결되다. 이로써 MBC 노동조합은 총파업을 철회한다.
11월 3일	새로 체결된 단체협약에 입각해 첫 '공정방송협의회'가 열리다. 이후 노동조합은 한미FTA 편파보도, MB 도곡동 사저 보도 누락, 김문수 지사 119 통화사건 보도 누락 등 왜곡 보도를 주도한 담당 국장을 문책할 것을 요구했지만 김재철 사장은 일절 응하지 않는다. 당시에 MBC 노동조합이 집계한 바로는, 김재철 사장 체제하에서 이루어진 불공정 보도 사례는 총 쉰두 건이다. 구체적으로 보도부문 불공정 사례 서른여섯 건, 교양 불공정 사례 열 건, 라디오 프로그램 불공정 사례 여섯 건으로 집계되었다.
2012년	
1월 17일	1996년 이후 입사한 평기자(데스크 간부 제외 기자) 125명이 보도본부장과 보도국장 경질을 요구하며 투표를 진행하다. 투표 결과, 불신임 108표, 신임 9표, 기권 8표를 득표했다. 이에 기자회는 제작 거부를 결의한다.
1월 30일	MBC 노동조합, '공영방송 MBC 정상화를 위한 총파업'에 돌입하다.
2월 16일	김민식 피디, 뮤직비디오 영상인 〈MBC 프리덤〉을 제작해 유튜브에 업로드하다. 이 뮤직비디오 영상은 유튜브 조회수 30만을 넘겼다.
2월 17일	MBC 노동조합, 버라이어티 파업 콘서트 '으라차차 MBC'를 개최하다.
2월 19일	사측이 MBC 노동조합 집행부 열여섯 명을 '업무방해' 혐의로 형사고소하다.

2월 27일	박성호 기자회장, 첫 해고통보를 받다. 이후 정직 6개월로 감경된다. 또한 보직을 사퇴하고 파업에 참여한 김세용·최일구 앵커 등도 정직 이상의 중징계를 받는다.
3월 5일	사측이 조합과 조합 집행부를 상대로 33억 원의 손해배상 청구소송을 제기하다. 이후 손해배상 요구금액은 195억으로 증액된다.
	이용마 기자, 해고통보를 받다. 김민식 피디, 정직 3개월 징계를 받다.
3월 6일	MBC 파업 홍보 팟캐스트인 〈서늘한 간담회〉 1회를 녹음하다.
3월 12일	사측이 33억 원 손해배상 요구와 관련해 MBC 노동조합과 집행부 열여섯 명에게 부동산과 동산 가압류를 신청하다.
4월 3일	정영하 위원장과 강지웅 사무처장이 해고통보를 받다.
4월 9일	사측, MBC 노동조합 집행부 등 열여섯 명에게 정직 이상의 징계를 가하다.
5월 21일	MBC 노조 집행부를 대상으로 한 1차 구속영장 실질심사가 이루어지다.
5월 30일	박성호 기자회장이 재해고 통보를 받다.
6월 4일	파업에 참여한 조합원 서른다섯 명을 대기발령시키다. 김민식 피디는 이미 정직 3개월을 받은 상태에서 추가 대기발령을 받다.
6월 7일	MBC 노조 집행부를 대상으로 한 2차 구속영장 실질심사가 이루어지다.
6월 20일	최승호 피디와 박성제 기자가 해고당하다. 김민식 피디의 징계 형량이 정직 3개월에서 6개월로 늘어나다.

6월 29일	여야 국회 개원 합의문에서 MBC 정상화에 대해 언급한다. 내용은 다음과 같다. "여야는 8월 초 구성될 새 방송문화진흥회 이사회가 방송의 공적 책임과 노사관계에 대한 신속한 정상화를 위해 노사 양측 요구를 합리적 경영 판단 및 법 상식과 순리에 따라 조정·처리하도록 협조하며, 이를 위해 언론 관련 청문회가 문화체육관광방송통신위에서 개최되도록 노력한다."
7월 17일	MBC 노동조합은 파업을 잠정적으로 중단하고 업무에 복귀할 것을 선언한다. 7월 18일 09시부로 업무에 복귀한다.
11월 8일	김재철 사장 해임안이 방문진에서 부결되다. 이에 MBC 노동조합은 박근혜 새누리당 후보의 약속위반을 규탄하는 기자회견을 연다.
11월 19일	김민식 피디, 새누리당 당사 앞에서 1인 시위를 벌이다. "박근혜 후보는 김재철 퇴진 약속을 이행하라"고 적힌 피켓과 함께였다.
12월 19일	박근혜 새누리당 후보가 대통령으로 당선되다.
2013년	
1월 16일	김민식 피디, 정직 6개월 종료 후 MBC 아카데미로 교육발령받다.
2014년	
1월 17일	사측의 해고 및 징계에 대해 1심에서 무효로 판결나다.
5월 27일	서울남부지법 국민참여재판에서 MBC 총파업을 주도했다가 기소된 노조 집행부의 주요 혐의에 대해 무죄가 판결나다.
2015년	
5월 7일	서울고등법원 역시 원심과 같이 무죄를 선고한다.
10월 27일	김민식 피디, 편성국으로 전보받다.

2016년	
12월 15일	김민식 피디, MBC 수뇌부가 정윤회 아들을 출연시키라고 제작진에 압력을 가한 사실을 신문사에 제보하다.
12월 19일	김민식 피디, 사내 게시판에 〈저는 본부장님을 믿습니다〉라는 글을 작성하다.
2017년	
6월 2일	김민식 피디, 개인 페이스북에서 라이브를 열어 "김장겸은 물러나라" 퍼포먼스를 벌이다.
6월 14일	김민식 피디, 페이스북 라이브를 열었다는 이유로 대기발령을 받다.
	김민식 피디, 심의국으로 전보 발령받다.
8월 18일	김민식 피디, 출근정지 20일 징계를 받다.
8월 24일	MBC 노동조합 총파업 투표를 실시하다.
8월 29일	투표 결과, 찬성율 93.2퍼센트라는 사상 최고의 수치를 기록하며 파업이 가결되다.
9월 4일	MBC 노동조합, 총파업에 돌입하다.
11월 13일	MBC 방문진 이사회, 5대 1로 김장겸 사장을 해임할 것을 결의하다.
12월 7일	최승호, 신임 MBC 사장으로 임명되다.
12월 8일	이용마 기자 등 해고자 전원이 복직되다.
12월 21일	김민식 피디, 드라마국으로 복귀하다.

퇴진 요정 김민식 피디의 웃음 터지는 싸움 노하우

나는 질 때마다 이기는 법을 배웠다

첫판 1쇄 펴낸날 2020년 2월 19일
     3쇄 펴낸날 2023년 11월 30일

지은이 김민식
발행인 김혜경
편집인 김수진
기획 고래방 최지은
편집기획 김교석 조한나 유승연 문해림 김유진 곽세라 전하연 박혜인 조정현
디자인 한승연 성윤정
경영지원국 안정숙
마케팅 문창운 백윤진 박희원
회계 임옥희 양여진 김주연

펴낸곳 (주)도서출판 푸른숲
출판등록 2003년 12월 17일 제2003-000032호
주소 서울특별시 마포구 토정로 35-1 2층, 우편번호 04083
전화 02)6392-7871, 2(마케팅부), 02)6392-7873(편집부)
팩스 02)6392-7875
홈페이지 www.prunsoop.co.kr
페이스북 www.facebook.com/prunsoop   인스타그램 @prunsoop

ⓒ김민식, 2020
ISBN 979-11-5675-900-3(03300)